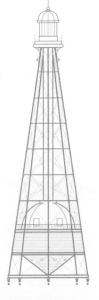

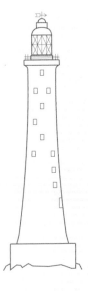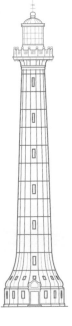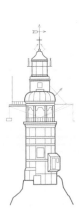

燈塔之書：
在世界的角落發現光

Breve Atlas de los Faros del Fin del Mundo

燈塔之書

/ 在世界的角落發現光 /

荷西・路易斯・岡薩雷茲・馬西亞斯　著

葉淑吟　譯

國家圖書館出版品預行編目 (CIP) 資料

燈塔之書：在世界的角落發現光 / 荷西.路易斯.岡薩雷茲.馬西亞斯作；葉淑吟譯. --
初版 . -- 臺北市：遠流出版事業股份有限公司 , 2023.05
　　面； 公分
譯自 : Breve atlas de los faros del fin del mundo
ISBN 978-626-361-011-8(精裝)

1.CST: 燈塔 2.CST: 世界史

710　　　　　　　　　　　　　　　　　　　　　　112002203

燈塔之書
在世界的角落發現光

作　　　　者｜荷西・路易斯・岡薩雷茲・馬西亞斯
譯　　　　者｜葉淑吟
責 任 編 輯｜蔡亞霖
封 面 設 計｜Dinner Illustration
內 文 編 排｜菩薩蠻電腦科技有限公司

發　行　人｜王榮文
出 版 發 行｜遠流出版事業股份有限公司
地　　　　址｜台北市中山北路一段 11 號 13 樓
劃 撥 帳 號｜0189456-1
電　　　　話｜(02) 2571-0297
傳　　　　真｜(02) 2571-0197
著作權顧問｜蕭雄淋律師

2023 年 5 月 1 日 初版一刷
定價｜新台幣 580 元
缺頁或破損的書，請寄回更換
有著作權・侵害必究 Printed in Taiwan
ISBN ｜ 978-626-361-011-8

遠流YL .com 博識網 http://www.ylib.com E-mail ｜ ylib@ylib.com

Breve Atlas de los Faros del Fin del Mundo

By José Luis González Macías
© 2020 Ediciones Menguantes www.menguantes.com
All Rights Reserved.
This edition published by arrangement with Casanovas & Lynch Literary Agency S.L.
and The Grayhawk Agency.
Complex Chinese translation rights © 2023, Yuan-Liou Publishing Co., Ltd.

目次

序言
P.011

燈塔地圖
P.014

01. 阿齊奧戈爾燈塔
P.016

02. 阿梅德燈塔
P.020

03. 阿尼瓦燈塔
P.024

04. 貝爾燈塔
P.028

05. 布達燈塔
P.032

06. 布蘭科角燈塔
P.036

07. 克利珀頓燈塔
P.040

08. 哥倫布列特斯燈塔
P.044

09. 埃迪斯通燈塔
P.048

10. 埃爾德雷德岩燈塔
P.054

11. 福音燈塔
P.058

12. 弗蘭南群島燈塔
P.062

13. 戈德雷維燈塔
P.066

14. 大艾薩克燈塔
P.070

15. 格里普燈塔
P.074

16. 瓜達富伊燈塔
P.078

17. 朱蒙燈塔
P.082

18. 小古拉索燈塔
P.086

19. 石灰岩島燈塔
P.090

20. 朗斯通燈塔
P.094

21. 馬薩伊克燈塔
P.098

22. 馬蒂尼克斯岩燈塔
P.102

23. 納瓦薩島燈塔
P.106

24. 羅本島燈塔
P.110

25. 鳥岩島燈塔
P.114

26. 佛帕司努燈塔
P.118

27. 聖胡安德薩爾瓦緬多燈塔
P.122

28. 史莫斯燈塔
P.126

29. 斯坦納德岩燈塔
P.130

30. 史蒂芬斯島燈塔
P.134

31. 斯維亞托諾斯基灣燈塔
P.138

32. 蒂拉穆克岩燈塔
P.142

33. 拉維葉爾燈塔
P.146

34. 蚊尾洲燈塔
P.150

遠在世界盡頭的燈塔，無疑地，就像是
盞堅定不移的光，船長絕不可能錯認燈
源，因為在那附近並無其他燈塔。

凡爾納（Jules Verne）

《天邊燈塔》（Le Phare du bout du monde）

序言

　　在一場家族聚餐席間，我提起自己想創作一本關於燈塔的書，父親卻是一臉不可置信，他望著我，接著驚呼：「燈塔？但是我們這家從以前就一直住在內陸啊。」他說得沒錯，我生於伊比利半島內陸，這輩子除了短短幾年外，一直都是住在遠離海洋的地方。因此，我在此先提醒讀者，位居本書幕後的創作者跟騙子其實沒什麼兩樣。不過我會如此著迷燈塔已有一段時日，有時還會萌生一股衝動，想逃到北部加利西亞或阿斯圖里亞斯的某處岬角捕捉燈塔身影，但不巧的是，或許你也早料到了，我得承認自己並不是這方面的專家。

　　長久以來，我一直想創作一本由自己日常生活中取材的書：文字、圖片、地圖學、影像……一些在每日工作間經手的尋常事物。腦海裡始終有個想法縈繞不去，靈感來自我讀過且樂在其中的書籍，比如充滿詩意的地圖集，裡面有著手繪地圖、大量的短篇故事，讀者坐在沙發上便能雲遊遠方，但是我尚需一個契機，才能讓心頭的概念更加清晰。就如同現在你會拿到這本關於與世隔絕的燈塔之書，也是種因緣巧合。最初，我接到一件設計音樂專輯封面的委託案，委託者是名叫「南方的北方」（North of South）樂團。出於直覺，我自然而然地就畫下了幾顆漂浮在天際的小行星，上面矗立著如夢似幻的燈塔，向外太空放射光芒，覺得十分切合主題。我開始收集繪圖資料，目光逗留在一抹抹出奇美麗的身影。我凝視一座又一座的燈塔，忍不住滿心讚嘆。第二個理由也來自工作，我接觸到荷西・路易斯・韋拿斯（José Luis Viñas）的作品《第六次滅絕，關於消失的物種多樣性地圖集》（Sexta Extinción. Atlas sobre biodiversidad ausente），這是一項關於禽類滅絕的藝術計畫。於是，我讀到紐西蘭史蒂芬島異鷯（Xenicus Lyalli）和史蒂芬島上的燈塔，講述一種紐西蘭小鳥如何徹底絕跡的故事。當下醉心不已，我開始搜索這起奇事的更多資料，並仔細鑽研歷史事件，以某種方式內化成自己的故事。不可思議的是，隨後我便開始對朋友訴說起這個故事。這樣的舉動顯然預示了不久後我將困於一座孤立的燈塔內，變成如同雷・布萊伯利（Ray Bradbury）作品《濃霧號角》的主角，在那篇精采故事中，一種海中怪物聽到燈塔的聲音，並受到燈光的呼喚，從深海底浮出，想要擁抱住它。

這些不可思議的建築帶有一種野性之美。或許是因為，我認為它們就像瀕臨絕種的生物。它們的光芒紛紛黯淡，身軀日漸崩毀。儘管還有許多燈塔堅守崗位、照亮水域，日新月異的海事通訊科技，卻讓它們的存在越來越無用武之地。船隻有了其他新的護花使者，如衛星、導航系統、聲納、雷達，已經不需要它們浪漫的守護，於是我們忘記了在許多時候，燈塔曾是某些陌生男女的家和工作的場所。歲月荏苒，自動化信號系統的數量越來越多。於是，有些燈塔放棄它最初的矢志，搖身成了觀光景點。其他則沒那麼幸運的，直接遭到拆除。燈塔守是負責監督和庇護的象徵，大多數人卻選擇拋下了工作。過往的生活方式將不復存在，但為我們留下了故事。殘磚碎瓦化成字句，刻劃燈塔守同時扮演技工和英雄的時代。當人類置身燈塔，特別在那些孤立的燈塔中，永遠都要看大自然的臉色行事。

因此，這本書不僅關注燈塔，也像是面鏡子，我們從鏡中倒影窺見人類已身的條件，探討孤身獨居的經驗；承認當我們面臨存活挑戰，需要倚賴他人幫忙；探索我們置身絕境，可能遭遇的不幸，和終能克服的驕傲。對某些人來說，當身旁失去庇護，心中會感到一種墜入地獄的虛無。反之，對美國詩人查理・布考斯基（Charles Bukowski）而言，「隱居卻是一種獎賞」。

遠在十九世紀末，凡爾納以一座在巴塔哥尼亞高原曇花一現的小燈塔為靈感，寫下冒險小說《天邊燈塔》（Le Phare du bout du monde）。他從未踏上阿根廷的土地，卻描繪出埃斯塔多斯島——他沒去過月球、地心或海底，也耕耘出精采絕倫的故事。同樣，我花了近兩年時間，沉潛在資料之海，試著在一片漆黑中尋找燈火，創作出有時難以查證的真實故事。這本書毫無半分虛構，所有內容都來自過去曾在某處所記載之文字。我雖不曾訪過書中任何一座與世隔絕的燈塔，但是我深信自己認識它們。在此刻舒適的環境中，恍若感覺到狂風暴雨拍打窗戶，暴雨遠去後暴露的孤立境況，以及在霧氣中虎視眈眈的孤獨。

我牆上掛著的是一張巨幅的米其林世界地圖。在這段不可思議的日子，我日復一日望著地圖，視線順從機運的指引，迷失在圖上。我讀出一個寫在小黑點旁的名字，或一條線標出的區域，踏上想像之旅，瞬間如同身歷其境。或許因為如此，這項創作以地圖集形式誕生。但不同的是，我在地圖上看到的是無盡地延伸，這本書卻是簡短有限。怎麼挑選或捨棄地圖上標出的點，是極為複雜的問題。自己心底知曉，書中無法囊括許多著名和吸睛的燈塔，以及它們動人的故事。

我期待，讀者能藉由書中軼事、圖繪和航海圖，踏上一場波瀾壯闊之旅，神遊遙遠的場域和時空，並和我一樣在屬於自己的空間，隨著頁扉，時而放鬆、時而揪心。

荷西・路易斯・岡薩雷茲・馬西亞斯
二〇二〇年九月

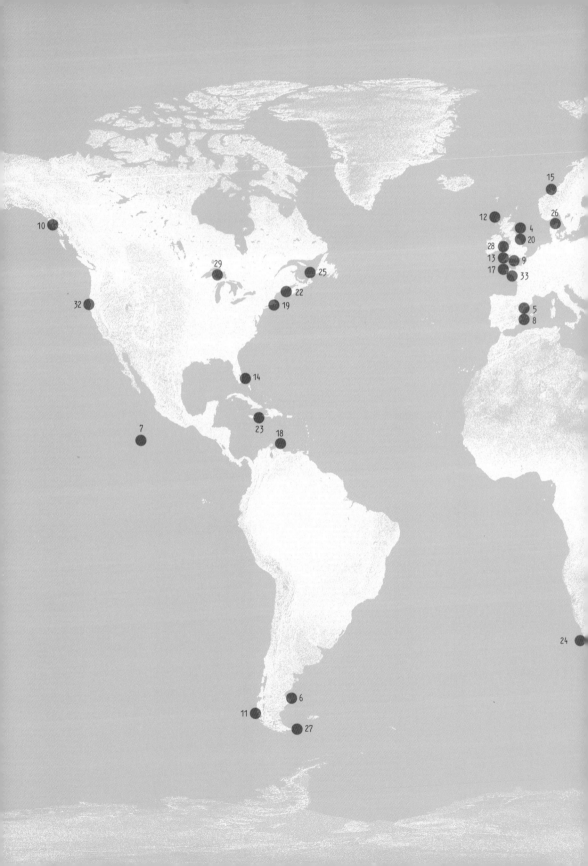

阿齊奧戈爾燈塔

　　這座燈塔矗立在里巴利切村近郊柏油公路的盡頭。那裡是與世隔絕的金伯恩半島沙灘，放眼只見綿延而去的金色沙丘、岸邊鹽沼，和針葉樹林。再過去的一片大草原居上曾經住著亞馬遜女戰士。據古希臘史學家希羅多德所言，只有海克力士擊敗過她們。

　　距離里巴利切村一公里半遠處，有一片內水，第聶伯河由此地注入黑海，早在一百多年前，這座細長的塔就矗立此地。它的存在至今仍舊有其必要。秋季時，第聶伯河經常籠罩霧氣，駕船上溯前往赫爾松，途經地形險峻的河口灣，航程如入迷宮，那裡有河中小島、錯綜複雜的支流和掘深的運河。

　　遊客若想滿足好奇心，或許只消一點費用、幾罐啤酒，和幾公升汽油，就能找到當地漁夫，帶領前去一睹燈塔。幸運的話，還能踏進這座披上閃亮紅漆盔甲的巨大建築，登上狹窄的階梯，彷彿踩著一隻巨型昆蟲的翅膀爬上去。不過，巡警每天都會從海岸前來，在溫暖的季節他們搭乘小船，或者在冬季踩著冰層走過來，有時，還可能碰上天氣驟變，受困好幾個禮拜而無法返回。想一訪此地，還得看老天爺賞臉。

　　俄國建築師弗拉基米爾・舒霍夫（Vladimir Shukhov）繪圖的筆觸精準，一如烏克蘭婦女縫製傳統刺繡服飾的工藝。光看紙上結構圖，或許會認為倘若一陣微風從致命的方位吹來，都可能引起燈塔倒塌。然而，他設計的線條纖細卻不失牢固。十九世紀末，他構想出各種燈塔、屋頂、樓閣和建築，僅用少量的建料卻能穩穩矗立。他成功為鋼條打造的簡單盔甲注入生命，完成令人驚奇、有機、輕盈的建物，跳脫了時間的法則。

　　這種雙曲面設計，結合效率、簡潔又不失高雅，在一九一七年革命後，替這座蘇維埃燈塔注入建築的靈魂。舒霍夫是史上最傑出的俄國工程師之一。

　　阿齊奧戈爾燈塔就像是個鏤空的編織籐籃，迎向海風的吹拂。

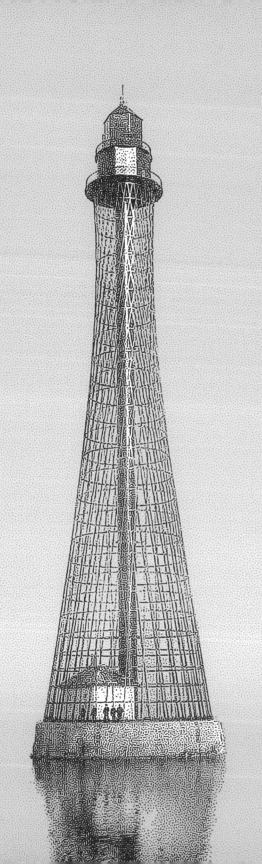

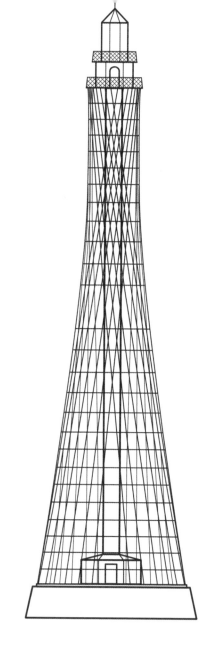

1

阿齊奧戈爾燈塔

黑海

歐洲

46° 29′ 32′′ N

32° 13 ′57′′ E

建築師：弗拉基米爾‧舒霍夫
建造時間：1908-1911 年
啟用時間：1911 年
服役中
雙曲面鋼網燈塔
塔高：64 公尺
燈高：67 公尺
燈光射程：19 浬
燈質：白色定光

　　阿齊奧戈爾燈塔創下多項高度記
錄。這是舒霍夫作品中最高的建築，
是烏克蘭最高的燈塔，名列世界第
十九高，也是本書中最高的燈塔。

　　要是艾菲爾鐵塔能採用類似阿齊
奧戈爾燈塔的雙曲面結構設計，重量
將可減輕三倍。

2000 m

奧列克桑德里夫

索菲伊夫卡　　索洛涅茨

什羅卡巴爾卡

矗伯瓦茲卡

斯坦尼斯拉夫

基佐米斯

奧瓦奇河

維利霍瓦

多馬卡

黑　海

勒富維爾柏卡島

矗伯河

亞努薩島

孔卡河

阿齊奧戈爾燈塔

維諾拉德尼

里巴利切

扎巴里涅

芮巴查克湖　　皮維尼夫湖

烏克蘭

歐茲伊赫湖

黑海

阿梅德燈塔

　　一八六七年，距離法國布列塔尼海岸四十公里遠，有座巨大的鑄鐵燈塔，蓋在地勢險峻的杜弗雷斯礁岩上。這座鐵塔主要照亮布雷阿島和根西島之間的水域，一直到一九四四年遭到德國軍隊摧毀。所幸杜弗雷斯礁岩的舊燈塔尚有一個攣生兄弟，就在地球另一端的對蹠點。

　　十九世紀中，法蘭西帝國殖民統治新喀里多尼亞。當時法國民間暴亂愈演愈烈，他們發現這座英國航海家庫克船長（Cook）和法國航海家拉佩魯茲伯爵早已探險過的島嶼，十分適合作為監獄——雖不比圭亞那監獄惡名昭彰，而欲將危險的囚犯和被判刑的政治犯押送到此地。國會議員視這座人間樂園為建造監獄的世界淨土之一，過去往來的多是捕鯨人、檀木走私販、違法捕撈的漁民。

　　當時首都諾美亞建城不久，港口有一片作為天然屏障的廣闊礁岩。航行在新喀里多尼亞海峽上，容易遭遇如同《冒險》（L'Aventure）一書中描述的那種船難，因為沿途要經過幾百座珊瑚礁島嶼，還得面對變化莫測的海浪，難以安然度過重重關卡，這一切促成了蓋設燈塔的需求。阿梅德島儘管只是座小小的島嶼，卻憑藉地理優勢雀中屏選，成為燈塔矗立之地，只是，燈塔的首次點燈儀式，卻是遠在一萬六千公里之遙外，自稱光之城的大都會。

　　它是在巴黎，里戈列特（Rigolet）的公司生產鋼骨架，再一件件運送到海岸邊。亨利・勒包特錶匠的工作坊除了旋轉機械，也製作奧古斯丁・菲涅耳（Augustin Fresnel）設計的光學儀器，也多虧這種儀器，全世界的海洋都有了光芒的照拂。

　　一八六二年，準備送到新喀里多尼亞的鐵塔，先在法國諾曼的維萊特（Villette）風光立起，那個夏天，鄰近首都的地區比起水手提前目睹了燈塔的輪廓。兩年過後，燈塔被拆成一千兩百個箱子打包。這批重達將近四百噸的貨物，乘著駁船順著塞納河而下，抵達勒哈佛爾港，存放在「埃米爾・佩雷爾號」輪船漆黑的船窖，橫渡了海洋。這段光之旅程抵達新的殖民地。一八六五年十一月十五日，歷經宗教儀式、盛大的軍禮，和高官的形式性地演說後，阿梅德燈塔開始服役。

　　多虧這道燈光的指引，押送政治犯的船隻平安抵達新喀里多尼亞。誰又知曉，是否有過某個法國人曾在巴黎漫步時凝視過這座燈塔，卻在不久之後，又從諾美亞的牢房瞥見那道相同的光。

2

阿梅德燈塔

珊瑚海群島

太平洋

大洋洲

22° 28' 38'' S

166° 28' 05'' E

建造時間：1862 年
啟用時間：1865 年
自動化時間：1985 年
服役中
錐型鑄鐵燈塔
塔高：56 公尺
燈高：59 公尺
燈光射程：24.5 浬
燈照特色：每 15 秒兩束白光

若想從阿梅德島寄信，燈塔有一間小郵局，和專屬的燈塔郵戳。

燈塔有一座螺旋梯，登上兩百四十七階鑄鐵臺階後，就可抵達露台和燈室。

阿尼瓦燈塔

3

在蘇聯永無盡頭的漆黑海洋上，航海人要想看清楚前方，只能仰賴遠處寥寥可數的燈塔光芒。這些燈塔的維護費用高昂，為維持燈塔正常地運作，有時甚至無法取得燃料補給，蘇聯領導人不得不採用其他高風險的選擇。冷戰期間，有超過一百三十座的蘇俄燈塔，倚賴著放射性同位素熱電發電機（RTG）發光。這種設備類似小型的核能發電機，能將放射性物質衰變所釋放的熱能轉換為電能。放射性同位素熱電發電機通常是用於衛星、太空探測器，以及遠距的設備上；在那些難以抵達的地點，更換電池便成為相當艱困的任務。

薩哈林州本島地形狹長，居民來自日本、俄國和中國，自十七世紀來一直是衝突不斷之地，但是第二次世界大戰結束後，成為了附屬於蘇聯的土地。在島的東南側盡頭，日本人豎起一座特殊的燈塔，起先稱作「中知床岬燈塔」（Nakashiretoko）。工程師三浦信步（Shinobu Miura）將燈塔小心翼翼蓋在西布其亞岩島上，與地勢崎嶇的阿尼瓦岬對望，恍若童話故事中的城堡。但是日本人享用燈塔的照明不過短短一載。舊金山和約簽署後，他們不得不從島上撤退。俄國人接手維護，燈塔靠著柴油引擎的動能，繼續服役四十年之久，一直到一九九六年，也就是蘇維埃國旗從克里姆林宮降下的五年過後，隨著放射性同位素熱電發電機步上自動化。一夕之間，燈塔守離開了，機器設備、日誌，全都留在阿尼瓦島上，永遠默聲。

如今燈塔已停止運作十多年。燈火消失後，海鳥盤據了塔樓。歲月的腳步在機器上面印下痕跡：牆面斑駁、建築鏽蝕，舊時引擎遭洗劫一空，窗戶玻璃破損。阿尼瓦是一座昂首挺立在海面上慢慢崩塌的燈塔。近來甚至引來一種日本人稱之為「廢墟（haikyo）探訪」的活動，一些大膽的遊客，乘坐小船從鄰近地區而來尋找廢墟。如果海象良好，他們會在廢墟下面拍照。

儘管當地官員保證，放射性同位素熱電發電機的引擎已經拆卸，手寫在塔內的一面牆壁上的「危險！輻射線！」，偌大白色字體至今依舊清晰可見。

阿尼瓦燈塔

鄂霍次克海
太平洋
亞洲

46° 01´ 07´´ N
143° 24´ 51´´ E

建築師：三浦信步
建造時間：1937-1939 年
啟用時間：1939 年
自動化時間：1990 年
除役時間：2006 年
圓柱水泥燈塔
塔高：31 公尺
燈高：40 公尺
燈光射程：15.2 浬

燈塔落成的五十年前，安東·契訶夫（Antón Chéjov）曾遭流放到薩哈林州本島。他形容那裡是一座冰凍的地獄。

想到島上一遊，可以搭乘機動船，從知床村出發，航程大約四十公里遠。

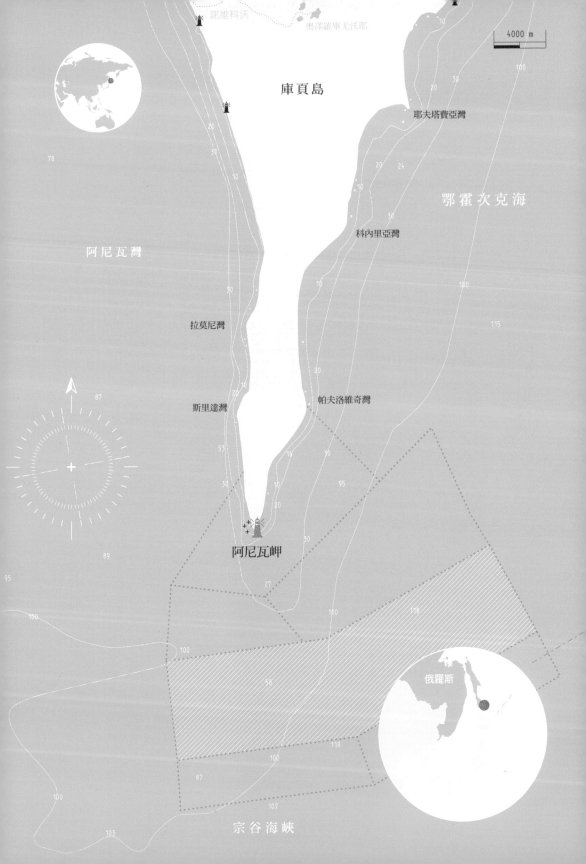

貝爾燈塔

　　曾經有這麼一個傳說，阿布羅斯鎮的修道院院長將鐘架在印奇角岩石上，利用浪濤擊鐘，提醒船隻這裡有處平時都淹在水中的危險暗礁。而有位名叫雷夫（Ralph）的海盜借走了鐘，卻忘記自己如同竊盜般的行徑，幾年後當他滿載戰利品回到港口，便在同個地點遭遇海難。

　　打磨花崗岩的任務難如登天，這群人恰似行走在北方海面。在離海岸起碼十八公里遠處，有六十位男子正泡在淹到膝蓋高的海水中，努力不懈地工作。他們得盡可能加快腳步，否則再過兩個小時當海水漲潮，便會全數滅頂。眾人得在時限內，回到停泊在附近的「斯密頓號」和「法洛斯號」，隨著海浪擺盪，度過這天剩餘的時間。到了秋季，他們掘出一個直徑十三公尺的地基，蓋了幾棟給大夥休憩的小屋，並且在接下來的冬季用於存放工具。等到來年夏天，他們終於固定好第一塊石頭。然後一塊接著一塊堆疊，一共疊上兩千五百塊石頭，蓋好了燈塔。每塊石頭重達一公噸，所有石頭都經過精雕細琢，彷彿拼湊拼圖，以定位木銷跟前一塊鑲嵌。

　　整個工程比預定又延宕三年多完工，其間經歷傷亡意外、工人難以忍受大海的殘酷而棄工，以及啤酒短缺引起暴動。最終，貝爾燈塔在一八一一年二月一日點燈啟用。

　　貝爾燈塔是較早聳立在公海上始終屹立不搖的燈塔。那堅固的塔身是一群無名英雄共同努力的成果：工人、水手、工頭、石匠，不過成功落成得歸功於兩人。羅伯特·史蒂文生（Robert Stevenson）年輕、莽撞，或許有那麼一點傲氣——他是著名的冒險故事《金銀島》作者的祖父，他夢想著在看似不可能成功的地點蓋一座燈塔。他擬定計畫，說服北燈塔委員會建造的可行性，並親自到場監工，忍受環境的嚴峻和風險。約翰·雷尼（John Rennie）則是主任工程師，他幾乎沒去看過礁石。他在倫敦的辦公室確認計算結果和解決遭遇的工程難題，好讓燈塔結構耐得住蘇格蘭海洋的嚴厲考驗。

　　貝爾燈塔的設計，可說是和某個人與一棵樹的相遇有著間接的關聯。貝爾燈塔仿效的樣板是埃迪斯通燈塔，曾在五十年前豎立在英國南部海岸的埃迪斯通礁石上。這座燈塔的工程師約翰·斯密頓（John Smeaton）因目睹一棵老橡樹，如何不畏強風暴雨，屹立不搖，挺直腰桿，於是才構思出燈塔的結構圖。

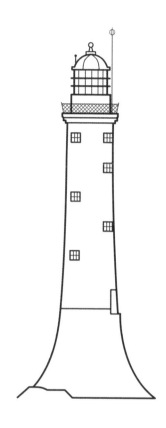

貝爾燈塔

北海
大西洋．
歐洲

56° 25' 58'' N
02° 23' 17'' W

建築師：羅伯特．史蒂文生
建造時間：1807-1810 年
啟用時間：1811 年
自動化時間：1988 年
服役中
圓柱亞伯丁花崗岩燈塔
塔高：35.3 公尺
燈高：28 公尺
燈光射程：18 浬
燈照特色：每 15 秒一束白光

　　英國的歷史學者、BBC 作家和節目製作人黛博拉．卡伯里（Deborah Cadbury），把貝爾燈塔列為「工業世界的七大奇蹟」之一，與齊名的有布魯克林大橋、胡佛水壩和巴拿馬運河。

　　一八一九年，史蒂文生委託風景畫家威廉．特納（William Turner）替貝爾燈塔作畫。這位聞名的畫家曾在暴風雪中把自己綁在船上的桅杆，畫出《暴風雪中駛離港口的汽船》，最終他沒去參觀燈塔，就在畫室直接完成燈塔水彩畫。

布達燈塔

布達島是座漂移島嶼，沿著地中海慢慢位移。它會前進、後退，也會隨著時間縮小和擴大。布達島誕生自泥堆。十八世紀初，小島在厄波羅河的出海口一點一滴沈積之後，從三角洲深處冒出水面。到了上個世紀的五〇年代末，面積已達將近五百公頃，上面居住四十戶人家在此種植稻米。到了今日，稻田面積繼續擴增，但是盛大節慶、教堂彌撒和足球隊早已人去樓空；島上幾乎渺無人煙。

在塔燈出現之前，經常有船隻擱淺在這片漂移的泥沙中，一旦陷進灰色泥沙堆，便只能垂死掙扎，最後沉進水底。十九世紀，曾有三座靠螺旋樁支撐的金屬燈塔，豎立在地基不穩的岸邊，照亮厄波羅河三角洲。一座在北邊的凡戈角，一座在南邊的巴良角，最亮的那座豎立在東邊的布達島上。

約翰・亨德森・波特（John Henderson Porter）在他位於伯明翰的工廠，打造一座西班牙馬德里建築師魯西歐・德瓦耶（Lucio del Valle）夢寐以求的金屬燈塔。這座燈塔，是同類型中最高的一座，經由海運從英國遠道而來，在地中海岸邊挺直它重達一百八十七頓重的身軀。一八六四年十一月，一位燈塔守手提燈火，踩上三百六十五個臺階初次點燈，點亮了以橄欖油作燃料的德格藍油燈（Degrand）。往後近一個世紀時間，布達燈塔的燈塔守每八個小時，就得踩著相同的臺階而上，替控制燈源的旋轉機械上發條。

其後布達燈塔在托爾托薩角延續它的任務，但要是三角洲擴大的速度太快了，燈塔用不了多久時間就會遠離海面。二十年間沈積物不斷往前延伸。經歷這段時間，燈塔已經位於內陸，從燈塔底部也看不到海浪。但是到了一九四〇年左右，海洋開始猛烈吞噬三角洲。水庫、水力發電廠、灌溉溝渠，減少了大量厄波羅河的出海口沖積物。暴風雨和漲潮迫使海岸線後退。布達島開始萎縮，燈塔又慢慢地迎向海洋。

西班牙內戰期間，這座燈塔撐過了共和軍隊的轟炸。接著泡在水中的水泥台基熬過多年的生鏽和腐蝕。但一場在一九六一年耶誕節的暴風雨毫不留情地帶走了燈塔。到了現今，托爾托薩角再過去的地點另有一座燈塔照亮海面。而那老舊的金屬燈塔則是遭人遺忘，躺在距離海岸大約四公里的地點安歇，照亮波光搖曳的海底。

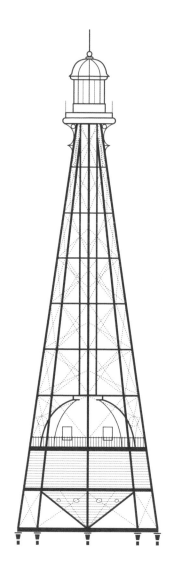

5

布達燈塔

地中海
歐洲

40° 43′ 07′′ N
00° 54′ 55′′ E

建築師：魯西歐・德瓦耶
建造時間：1864 年
啟用時間：1864 年
除役時間：1961 年
圓柱鑄鐵燈塔
塔高：50 公尺
燈高：53 公尺
燈光射程：20 浬

　　馬德里理工大學保存了一組大約
兩公尺半高的布達燈塔模型。模型在
巴塞隆納製作，並和其他七組西班牙
燈塔模型，在一八六七年的巴黎世界
博覽會共同展出，如菲尼斯特雷燈塔
（Finisterre）、科魯貝多燈塔
（Corrubedo）、埃庫萊斯塔（Torre de
Hércules）、卡波德帕洛斯（Cabo de
Palos）、西沙爾加斯燈塔（Sisargas）和
艾雷島燈塔（Isla del Aire）。

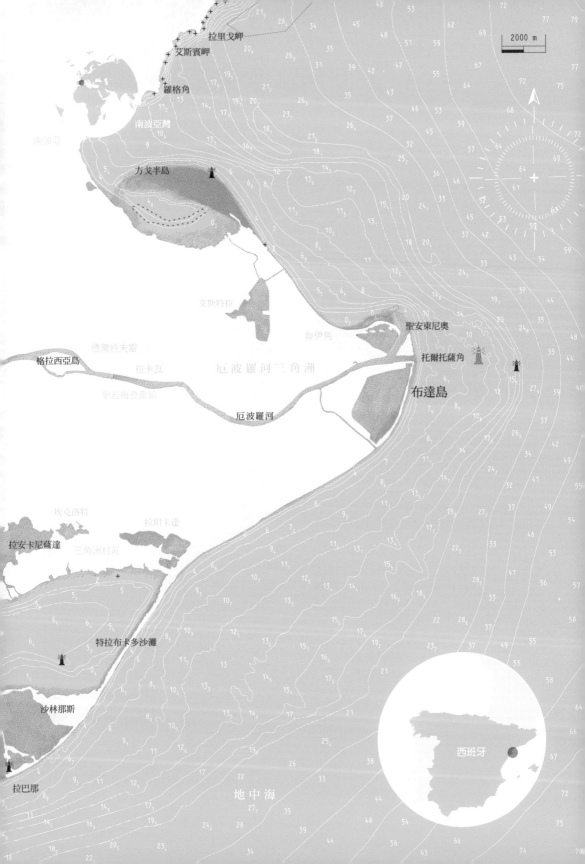

拉里戈岬
艾斯賓岬
羅格角
南波亞灘
南波布
方戈半島
艾斯特拉
格拉西亞島
德爾特夫雷
拉卡瓦
聖岩姆登皇晗
厄波羅河三角洲
厄波羅河
聖安東尼奧
托爾托薩角
布達島
魯伊馬
埃克洛特
拉坦卡達
拉安卡尼薩達
三角洲村莊
特拉布卡多沙灘
沙林那斯
拉巴那
地中海
西班牙

2000 m

布蘭科角燈塔

6

阿根廷·
聖塔克魯茲·
德塞阿多港·
布蘭科角

　　九一線省道是條變化莫測的公路，路面佈滿角礫岩和乾土，盡頭是一座岩石峭壁。從這裡直到德塞阿多港口共九十公里遠，是一片風蕭蕭的平原，杳無人煙。露天岩石層從北邊往南邊延伸而去，盤據在海岸邊，彷彿一條層層鱗片的巨龍背脊。葡萄牙探險家麥哲倫（Fernando de Magallanes）、英國私掠船長法蘭西斯・德瑞克爵士（Sir Francis Drake）、英國物理學家亨利・卡文迪許（Henry Cavendish），或者達爾文，都曾經從海上細細審視這座氣勢磅礡的峭壁，不敢輕舉妄動登岸。岩石峭壁面海的那一端，在底部有座小小的墓園。裡面一片靜默，有八個無名十字墓碑，一尊聖母像，把守著不知是何人躺在枯土下的祕密。

　　峭壁上豎立著一座燈塔。從小徑往上爬到燈塔下，要踩完一百一十五個台階。如果要點燈，還得再爬九十五階。從燈塔陽台眺望，要是能見度達五百公里遠，往東南方就能依稀看見福克蘭群島的輪廓。近處一點，可以看見在陽光底下發光的企鵝島，不過燈塔早在一個多世紀以前便空無人居。但是，如果視線能穿越時光回到過去，轉過身背對海洋，除了墓園，還能看見岩礦、電報室、治安法庭、和美式足球場的動靜。如今每當夜幕降臨，燈塔的燈光除了勾勒出自己殘破的塔身，也照亮躺在沙灘上休息的海獅。這一束塔光照向內陸，抵達一處不知道是巴塔哥尼亞的起點還是盡頭。根據燈塔守路卡斯・沙納瓜（Lucas Sanagua）說，這是阿根廷最孤獨和冷清的一座燈塔。

　　據傳在燈塔光下，有這麼一段鬼故事。五〇年代，有位燈塔守，他同時也是一名見習軍官，以慣用打字機廣為人知。某天天氣惡劣，他精神委靡地坐在打字機前，抱怨自己頭痛欲裂。他的同事急忙去求救，但是他已經在救援來到之前病逝。從那時起，每到夜晚，打字機的敲鍵聲就會劃破寧靜，或許還能聽見打字機打出訊息，警告無法忍受寂寞的人。

　　這座老舊燈塔差點遭到廢棄，但最後燈火依舊點亮，也有人定時來維護。這座燈塔守的家的外頭是一片海景，裡面空間寬敞，幾乎什麼都能容納：一個煤油爐、一張乒乓球桌、一張棋盤、和一台古老的雷明頓打字機，以及黑色的墨水色帶。

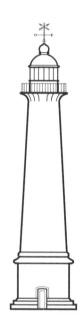

6

布蘭科角燈塔

大西洋
南美洲

47° 12´ 01´´ S
65° 44´ 03´´ W

建造時間：1915-1917 年
啟用時間：1917 年
服役中
圓錐形磚頭燈塔
塔高：26.7 公尺
燈高：67 公尺
燈光射程：13.9 浬
燈照特色：每 10 秒一束白光

　　布蘭科角燈塔就是凡爾納在他的小說《地心歷險記》中提到的燈塔，雖然在一八六四年出版時，燈塔尚不存在。

　　要蓋這座塔，得堆疊十一萬塊梯形磚頭。磚頭全來自同一座工廠，布宜諾斯艾利斯地鐵與拉普拉塔大教堂也選用同樣的磚頭。

　　還有另外一座布蘭科角燈塔，坐落在馬約卡島上，也就是帕爾馬灣的最東邊。

克利珀頓燈塔

大婦·
熱帶樂園裡……
最初和最終的居民

　　克利珀頓島是一座熱帶樂園，法國人稱為熱情之島，島上人口稀少。這座島嶼遺落在廣闊的太平洋海面，島上瀰漫氨水氣味，飽受颶風蹂躪，海灘有螃蟹入侵，海中充滿鯊魚。島上小小的燈塔在海運信號的歷史上輕如鴻毛，但是風並未吹去它身為見證者的過程。故事要從一張一九一七年在甲板上拍攝的照片說起，那是一艘戰船，入鏡的是四名婦女和七名孩童；他們是島上的最後一批居民。

　　一九〇六年，一小支墨西哥特遣部隊攜家帶眷駐紮在此，以宣示主權。帶頭指揮的年輕中士叫拉蒙·阿諾德（Ramón Arnaud），對於能在偏鄉僻壤當個統治者他相當引以為傲。墨西哥革命爆發後，送來補給的唯一船隻遭叛亂份子焚毀，預期的食物和必需品也隨之沉沒在馬薩特蘭海岸前方的海底。島民沒收到任何隻字片語，不知道發生什麼事，只能自生自滅，飽受營養不良和壞血病折磨。整整一年多時間，克利珀頓島完全與世隔絕，直到一九一五年，一艘美國海軍雙桅縱帆船在島邊的礁石發生意外擱淺。美國海軍派出一艘船來搭救他們的同袍，也自願提供自己的船隻，救出存活的二十七位島民。但是阿諾德加以拒絕。他不准許任何墨西哥人離開島嶼。大多數人的下場，不是等死就是發瘋。

　　九月的一天早上，阿諾德或許已神智不清，他遠遠看見一艘船出現在海平面，於是大聲呼告駐軍：「卡多納！葛拉！羅德里奎茲！」他帶著手下搭乘小船出海。其他人愛莫能助，只能在沙灘上眼睜睜看著船隻在遠方沉沒。

　　島上僅餘留婦女和孩童，唯一的男人是個個性孤僻、畏縮的燈塔守，叫維多利亞諾·阿爾瓦雷茲（Victoriano Álvarez）。他已瘋癲，拿著火槍守在燈塔，自立為克利珀頓島國王。他重建統治制度，將婦女納為奴隸，滿足他的性需求。敢反抗者只有死路一條。他的王國存在將近兩年，直到阿諾德的遺孀阿莉西亞·羅維拉（Alicia Rovira）和名叫蒂爾莎·蘭東（Tirza Randon）的年輕女子手持鐵鎚和利刃，結束了燈塔守的性命。不久，她們發現海平面出現一艘船。那是美國的巡邏艇約克鎮號（USS Yorktown），正往島嶼直駛而來。

　　自此克利珀頓島淪為荒島。在島上燈塔下，還躺著爬滿螃蟹的屍體殘骸。

7

克利珀頓燈塔

太平洋
美洲

10° 18′ 14″ N
109° 13′ 04″ W

建築師：尤金・德米切隆
建造時間：1906 年
啟用時間：1906 年
除役時間：1917-1935 年，
　　　　　以及 1938 年過後
圓柱混凝土燈塔
塔高：6 公尺
燈高：12 公尺

十九世紀，墨西哥與法國曾耗時二十二年爭奪克利珀頓島的主權，最後義大利國王維托里奧・埃馬努埃萊三世（Víctor Manuel III）做出不利法國的仲裁。法國人建造了燈塔，卻從未有機會在島上落地生根。

一九七八年，賈克・庫斯托（Jacques Cousteau）拍攝紀錄片《遺忘時間的克利珀頓島》，在片中，一九一七年撤退的其中一名倖存者拉蒙・阿諾德・羅維拉，回到了自己的出生地。

500 m

213

268

163

229

67   134   133   103   215

52   150

50

56   171   206   241

52   163

79   153   178   250

159   93

143   37   66   130

5   49

3   6   53   53   171

蛋島   5   3

160

綠角

西墓穴

克利珀頓島   32   102

55

拉潘斯海灣

東墓穴   113

潟湖

26

大堡礁

35   127

拇指角

大岩石

108

鐮刀半島

96

253   216

197   306

215

19   121

198   251

267   174

159

277   113   105

271   259   221   墨西哥

295   171

294

220   160

太平洋

8

哥倫布列特斯燈塔

在卡斯特利翁海岸前方，往東五十公里有處火山口殘跡，噴發後形成的大岩石模樣扭曲，像極了一隻趴在地中海海面上的爬蟲。這是蛇島，又稱哥倫布列特斯群島，島上景色蠻荒原始。

在燈塔出現之前，島上荒無人煙。只有漁夫、走私販和海盜利用小島當做中途庇護所。除了與世隔絕、暴風雨頻繁，島上也危機四伏：是蠍子和蛇的橫行之地。要想在此建造燈塔，就得清出一塊地，為死刑犯蓋個棲身之地，提供他們減刑的機會。第一批到達的人，有許多人沒能逃過遭到毒蟲叮咬，剩下的其他人挖掘溝渠，填進石灰粉，以杜絕害蟲的接近。

一八五九年，一束燈光在最大的格羅薩島的上空亮起，為了維護燈塔正常運作，燈塔守攜家帶眷抵達島上。起先，生活條件嚴苛，這種輪班工作得忍受一整年寂寞的生活，只有無法選擇其他命運的人願意來島上。也有人違抗命運；一位來自馬約卡島的鬥牛士，當他得知命運的下一站是哥倫布列特斯群島之後，便選擇結束生命。

但是多數燈塔守都熬過一天又一天，隨著時間過去，島上的生活變得容易不少。他們放火焚燒毒蛇，徹底斬草除根，也養了豬雞。他們架起床腳放在裝水的鐵皮罐中，避開毒蠍。燈塔附近共住了兩、三戶人家，島上有許多要幹的活：看守燈塔燈光、修理灑水器、清潔鏡頭、補充煤油爐、修理秋季暴風雨造成的損害、替機器上發條、在菜園耕種馬鈴薯、釣龍蝦、烘焙麵包、獵兔子、觀察軍隊飛機練習、餵母雞、監視儲水池水量、沿著懸崖跑步、拿鐵絲線捕捉蠍子、去墓園探訪永遠安息在那裡的幾位燈塔守和少數幾個溺斃者、替孩子授課、躲避襲來的暴風雪、欣賞島上在下了幾天雨過後遍地盛開的白花、等待每隔十天或五十天運送補給的船隻到來……

奧地利大公爵路德維希·薩爾瓦多（Ludwig Salvator）曾在島上做研究，與燈塔守共同生活一段日子，一八九五年他出版一本有關島嶼的書籍，內容詳盡而包羅萬象「哥倫布列特斯群島居民過得幸福快樂，堪比鵪鶉、牛鸝和歐斑鳩的生活，每逢春季和秋季，這些鳥類會在到島上休息，再繼續往北飛往鄰近大陸，或者更遙遠的他方。」

哥倫布列特斯燈塔

地中海
歐洲

39°53′44″N
00°41′06″E

建造時間：1855-1859 年
啟用時間：1859 年
自動化時間：1986 年
錐形毛石燈塔
塔高：20 公尺
燈高：85 公尺
燈光射程：21 浬
燈照特色：每 22 秒一組兩束白光
緊接一束白光

　　哥倫布列特斯群島屬於保護區，這片十九公頃大土地，形成了自然保護區。環繞在四周的水域，面積達五千五百公頃，是海洋保護區。

　　《與世隔絕的哥倫布列特斯群島回憶錄》（Aïllats, la memoria de Columbretes）是一部令人驚嘆的紀錄片，由佩翠西亞‧岡薩雷茲（Patricia González）、艾娃‧梅斯特雷（Eva Mestre）、沙維‧德山紐（Xavi del Señor）和費南多‧拉米亞（Fernando Ramia）共同執導，描述島上居民的生活。

500 m

哥倫布列特斯群島

格羅薩島
托菲紐港
埃曼克立柏島
埃馬斯克拉島

馬拉斯皮納島
包薩島
納瓦雷特島

赫黑璜沙洲
華金島
拉歐拉達島
狼島
梅德茲奴涅茲島

地中海

帆船島
丘魯卡島
塞葛羅島
巴雷亞托島
魯亞多沙洲
帕提紐沙洲

西班牙

埃迪斯通燈塔

在蘇格蘭國立博物館的某系列收藏中，有個漆黑、扁平的橢圓物，大約兩百公克重。一旁的介紹這麼說：「這個鉛塊是在一七五五年的大火後，從埃迪斯通燈塔的燈塔守胃部取出。」

十二月二日夜晚，魯德亞德燈塔失火。燈塔守亨利・霍爾（Henry Hall）雖然高齡九十四歲，依舊身手矯捷，他試著向高處潑水滅火。鉛製的屋頂在燃燒下熔化，一小塊熔化的金屬掉進他的嘴巴。儘管如此，亨利・霍爾依然繼續跟同事試著救火。燈塔守各個筋疲力竭，紛紛逃到附近的一塊大岩石邊，八個小時過後，一艘船將他們帶上岸。

亨利・霍爾垂死掙扎了十二天後過世。負責開刀的外科醫生名叫愛德華・史普里（Edward Spry），他寫了一份報告給英國皇家學院，描述整起事件的來龍去脈，然而有些人並不相信。對此，史普里鍥而不捨，餘生都在洗刷自己的名譽，不斷拿狗和鳥類做實驗，把熔化的鉛放進牠們的喉嚨，想證明牠們還能存活。

魯德亞德燈塔燒毀了。但是它並不是埃迪斯通岩石上的第一座燈塔，也不是最後一座。五十七年前，矗立在同樣地點的叫溫斯坦利燈塔（Winstanley），是世界上第一座位在公海上的燈塔。

亨利・溫斯坦利（Henry Winstanley）是個性情古怪的商人，他醉心於建築、液壓機械，以及精巧的自動機械裝置。他的幾艘船隻觸礁沉沒之後，他在那裡蓋了一座嬌貴的燈塔，這座燈塔只適合用來作為裝飾娃娃的屋子，無法承受大海的無情摧殘。當溫斯坦利正在英吉利海峽，組裝這座美麗的模型時，他被一艘船逮住，成為了階下囚被送到法國。當時的路易十四國王聽說這起事件後，立刻下令放走他：「雖然法國正在跟英國交戰，但無意妨礙人類的進步。」

溫斯坦利回到了埃迪斯通，他無視第一座燈塔遭到暴風雨摧毀，再蓋起第二座更美麗的燈塔，這座燈塔一直屹立不搖直到一七〇三年。他深深相信第二座燈塔堅不可催，甚至信誓旦旦說，他想要在史上最大的暴風雨來襲時待在塔內。或許是因緣巧合，或者是膽大無懼，十一月二十六日溫斯坦利就待在埃迪斯通燈塔內。那天晚上，一個如同雷暴雨的強烈氣漩橫掃英國海岸，把燈塔連同裡面的人都吹到海底。

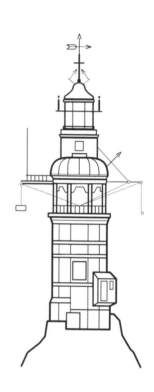

埃迪斯通燈塔

英吉利海峽

大西洋

歐洲

50° 10′ 48′′ N

04° 15′ 54′′ W

溫斯坦利燈塔一號

建築師：亨利・溫斯坦利

建造時間：1696 年

啟用時間：1698 年

除役時間：1699 年

塔高：18 公尺

八邊形木造燈塔

　　這是第一座豎立在公海的燈塔，建在埃迪斯通的礁岩上，離岸十四公里，離普利茅斯港口約十九公里。

溫斯坦利燈塔二號

建築師：亨利・溫斯坦利

建造時間：1699 年

啟用時間：1699 年

除役時間：1703 年

塔高：25 公尺

十二邊形木造燈塔

　　在這座燈塔服役期間，沒有任何船難記錄。它消失後兩天，〈溫奇爾西號〉就載著整船的煙草，觸礁沉沒。

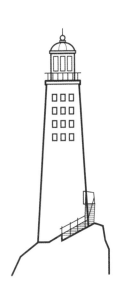

魯德亞德燈塔

建築師：約翰‧魯德亞德
建造時間：1708 年
啟用時間：1708 年
除役時間：1755 年
塔高：21 公尺
錐形木造、磚頭和混凝土燈塔

　　約翰‧羅維特（John Lovett）船長委託魯德亞德建造燈塔，再以租賃人身分，以每公噸一分錢的票價，向需要塔光指引的船隻收取費用。

斯密頓塔燈塔

建築師：約翰‧斯密頓
建造時間：1756 年
啟用時間：1759 年
除役時間：1877 年
塔高：22 公尺
錐形圓柱花崗石燈塔

　　這座燈塔可說在燈塔結構設計上跨出一大進步。燈塔在普利茅斯經過拆除和重建，現今用以紀念它的建築師，變成知名的紀念建築物。

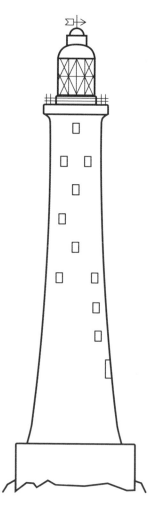

9

埃迪斯通燈塔

英吉利海峽
大西洋
歐洲

50° 10´ 48´´ N
04° 15´ 54´´ W

道格拉斯燈塔

建築師：詹姆斯·道格拉斯
建造時間：1879 年
啟用時間：1882 年
自動化時間：1982 年
服役中
錐形圓柱花崗石燈塔
塔高：49 公尺
燈高：41 公尺
燈光射程：22 浬
燈照特色：每 10 秒兩束白光

　　道格拉斯燈塔就是今日的埃迪斯通燈塔，目前還在服役，豎立在昔日的斯密頓塔燈塔地基旁。

　　一九八〇年，燈具的上層加蓋一座直升飛機場，方便維修保養人員進出。自一九九九年起，燈塔改以太陽能運作。

埃爾德雷德岩燈塔

在淘金熱潮的鼎盛時期,〈克拉拉號〉(Clara Nevada)穿越暴風雨,沿著林恩運河航行。船上搭載旅客、八百磅的貴金屬,和一批藏在船窖的違法貨物。眼看距離目的地只剩三十浬,整艘船卻撞上了一顆岩石,瞬間陷入火海。偷運上船的炸藥爆炸起火。

根據官方報導,沒有任何倖存者,但是在附近不遠處找到一艘救生小艇,船長和幾名船員疑似逃過海難生還。一個世紀過後,儘管不知多少人在附近潛水探險,卻始終沒在船的殘骸堆找一丁點金塊。

不論這是一場意外,或是刻意安排的劫掠,美國國會認為重要的是事故本身,於是決定在這座船隻墳墓的岩石島嶼上,建造埃爾德雷德岩石燈塔。

十年過後,另一場猛烈暴風雨來襲,一艘幽靈船現身,擱淺在埃爾德雷德岩石的北端。有那麼一瞬間,燈塔的光束打在〈克拉拉號〉的軀殼上。這具恍若活死屍的船骸,就這樣在暴風雨中突然冒出水面。

燈塔守衛尼爾斯·彼得·亞當森(Nils Peter Adamson)從惡夢驚醒過來,他踩著夢遊般的腳步,走到窗邊,大聲呼喊兩名助手的名字。在那個天寒地凍的清晨,他聽見自己的聲音迴盪,然後四周回歸寧靜。

幾天前,也就是一九一〇年二月二十六日那天,在埃爾德雷德岩石燈塔工作的助手約翰·柯里(John Currie)和約翰·西蘭德(John Silander)駕船出發,航行十三公里遠,到薛曼岬燈塔尋求補給。黎明時分,薄雪紛飛,他們踏上回程,返回亞當森等待他們的燈塔。當亞當森發現他的助手遲遲未歸,他預感厄運降臨,於是尋求協助。幾艘船翻遍那一帶,搜尋失蹤者,兩天後只找到他們的船,獨不見人影。亞當森痛苦不已,他明白他的助手可能已經淹死,他又多花了一個月,繼續獨自搜查林恩海峽冰冷的水域。「我無法相信他們發生意外,那一天風平浪靜,他們應該要在八點回到這裡的。」一天過後,他遞出辭呈,放棄再擔任燈塔守一職。

埃爾德雷德
岩燈塔

林恩海峽

太平洋

北美洲

58° 58' 15'' N

135° 13' 13'' W

建造時間：1905 年
啟用時間：1906 年
自動化時間：1973 年
服役中
八邊形木造燈塔
塔高：17 公尺
燈高：28 公尺
燈光射程：8 浬
最初鏡頭：四等菲涅耳透鏡
燈照特色：每 6 秒一束白光

博物學者馬庫斯‧貝克（Marcus Baker）以妻子莎拉‧埃爾德雷德（Sarah Eldred）的娘家姓氏，替這座岩石島嶼命名。

這座燈塔外觀有些破損，但仍是阿拉斯加唯一還保有原始樣貌的燈塔。薛爾登博物館設立了「埃爾德雷德岩燈塔保存協會」，以進行燈塔的維護和整修。

新庫西島

奇卡特島

卡塔古尼島

卡渾漢山

埃爾德雷德岩燈塔

蘇利文島

林 恩 海 峽

阿拉斯加
(美國)

蘇利文岩嶼

1000 m

福音燈塔

一八九二年，蘇格蘭工程師喬治・斯萊特（George Slight）從愛丁堡踏上旅程，來到地球另一頭的尾端，滿腦子想的都是這趟困難重重的挑戰。他接受智利政府委託，要在麥哲倫海峽的西邊出口建造一座燈塔。當船沿著太平洋的邊緣航行，迎面來的地形崎嶇小島，就是燈塔即將豎立的地點。

「我無法想像竟有機會目睹這般陡峭、原始和荒涼的岩島，只見那抹暗色輪廓浮現在洶湧的怒濤之間。遇上這種粗獷的岩島，壓力實在難以承受。藉著海平面的輕柔光線照拂，可以看見驚濤駭浪猛力撞擊岩島西側。這是一幅任何人都難以想像的畫面。」

斯萊特再也沒離開智利；他在這個國家帶領超過七十座燈塔的建造。第一座啟用的燈塔便是福音燈塔，那是他在看過那幅驚人的畫面的三年過後。

一九一三年春天。一個又一個禮拜在漫長的等待中緩緩過去。一艘智利海軍的海岸巡邏艇〈耶爾丘號〉（Yelcho），停泊在距離福音島不遠的一處安全地點。這艘船在等待天氣好轉，準備把糧食器具等補給品送到燈塔。最後耽誤四十多天，終於抵達島嶼。福音島與外界隔離已經四個月，糧食幾乎殆盡，燈塔守被迫撿拾海藻裹腹。回航路上，〈耶爾丘號〉帶走燈塔守阿爾弗雷多・錫拉德（Alfredo Sillard）的遺體，他罹患疾病，又因為不堪與世隔絕的艱困生活，病況惡化。巡邏艇返回一處後來取名為「四十日」的水灣，在那個荒涼而險惡的地點，將燈塔守的遺體安葬。隨著時間過去，這座臨時的墓園變成一個追思場所。往後幾年，每當〈耶爾丘號〉不得不停靠，並等待天氣狀況好轉再靠近燈塔，水手們會在燈塔守的墳上擺置蠟燭，望他在天之靈幫忙減緩暴風雨。

有多位燈塔守都信誓旦旦表示，他們曾感覺到錫拉德在燈塔的宿舍遊盪。

這個故事變成幾位智利作家的靈感來源，比如羅蘭多・卡爾德納斯（Rolando Cárdenas），他的詩作《福音燈塔幽魂》寫下這樣的開頭：「遠離海岸的燈塔／豎立在天涯海角的邊縫／彷彿從海中升起的四縷幽魂／越過群島的那頭只看見了天氣／天氣在茫茫無際的海平面驟變／變成夾帶雷聲的強風／在不斷翻騰的混濁的波濤上」

不論錫拉德的幽魂存在或不存在，福音燈塔裡面依然有人居住。

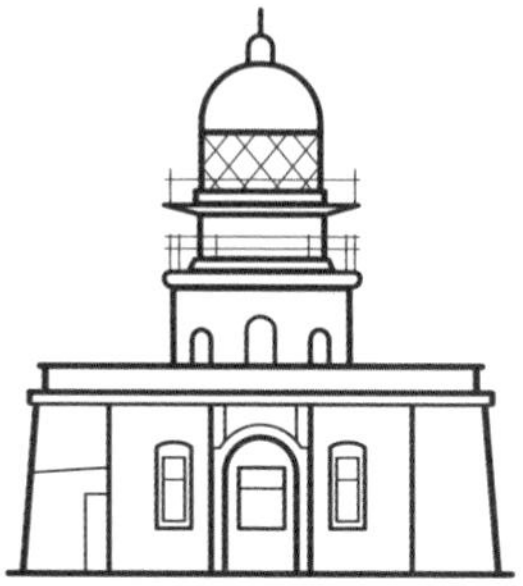

11

福音燈塔

太平洋
南美洲

52° 23´ 10´´ S
75° 05´ 45´´ W

建築師：喬治‧斯萊特
建造時間：1895 年
啟用時間：1896 年
服役中
八邊形木造燈塔
塔高：13 公尺
燈高：58 公尺
燈光射程：30 浬
燈照特色：每 10 秒一束白光

　　一五二〇年十一月二十八日，三艘奉效力於西班牙的葡萄牙探險家-麥哲倫（Fernando de Magallanes）之令的船隻，在駛進一片汪洋時，遠遠的看見幾座地形崎嶇的小島。這是歐洲人首次航行在南方的太平洋上。賈西亞‧諾達爾（García Nodal）在一六一八年製作的地圖上，稱這些島嶼為福音島。

　　二〇一九年八月，負責無線電報的智利海軍丹妮拉‧奧爾蒂斯（Daniela Ortiz）下士，成為被派到福音島上擔任燈塔守的第一名女性。

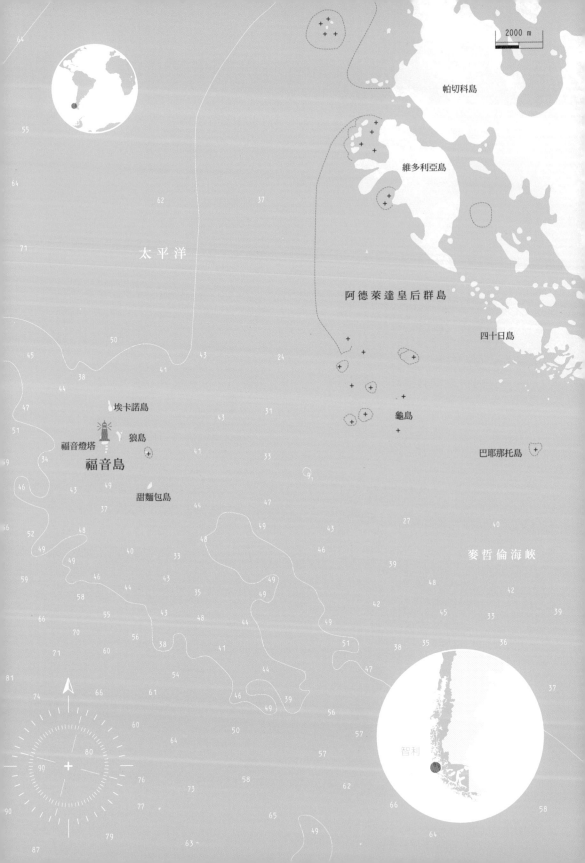

太平洋

帕切科島

維多利亞島

阿德萊達皇后群島

四十日島

龜島

巴耶那托島

埃卡諾島

福音燈塔　狼島

福音島

甜麵包島

麥哲倫海峽

智利

2000 m

12 弗蘭南群島燈塔

　　七獵人群島是處無人島嶼，位在赫布里底群島外三十公里。在最大的艾琳摩爾島上，有一座獻給愛爾蘭聖人弗蘭南（St. Flannan）的禮拜小教堂，他是七世紀的一位修道院院長，他聽從命運的安排，隨風遠颺，乘著船來到這一片險惡的土地上。這片土地充滿傳說，據信這一帶的水手在上岸前會摘下帽子，或者攻頂時會特地朝太陽轉一圈，諸如此類不尋常的舉動。山頂在一八八九那年豎立一座孤獨的燈塔。

　　第一件怪異的事發生了，察覺異狀的是蒸汽船〈阿克托號〉（Archtor），當時船正航向利斯 (Leith)，天氣惡劣，蘭南群島燈塔的燈光卻無法正常運作。十一天過後，也就是一九○○年十二月二十六日，〈長庚號〉（Hesperus）順利抵達艾琳摩爾島。燈塔守詹姆斯‧杜卡特（James Ducat）、湯瑪斯‧馬歇爾（Thomas Marshall）和唐納德‧麥克阿瑟（Donald Mcarthur）都在島上等待。船送來了補給物資和一位接班的燈塔守。但是，當〈長庚號〉駛近碼頭，卻不見旗幟在平台上飄揚，用來裝盛補給物的箱子沒有擺在平常位置上，沒有人出來迎接船。哈維船長（Harvey）從船上打出信號彈和鳴笛。卻沒得到任何回應。前來接班的燈塔守約瑟夫‧摩爾（Joseph Moore）踏上島上土地。他穿越濃霧，爬上斜坡來到燈塔前。大門是上鎖的。他強行撬開門，進去裡面，發現床鋪凌亂不堪，盤子上裝著食物，地上有一張翻倒的椅子。牆上的時鐘停止走動，停在九點半。沒有半個人影。

　　〈長庚號〉的水手搜遍島上每個角落，想要找到三名燈塔守的下落，但是只發現令人目瞪口呆的線索。油燈相當乾淨，煤油是滿的。只有唐納德‧麥克阿瑟的外套吊在他的衣架上。西邊的另一個碼頭損毀，似乎遭到近日的一場暴風雨蹂躪，有個破損的箱子綁在一個起重機上，鐵欄杆彎曲對摺，一顆沈重的岩石掉落在船塢上。儘管如此，根據工作日誌的最後一條記錄顯示，十二月十五日早上九點一切正常。

　　三十年過後，《真實奇聞軼事》雜誌（Strange True Stories）信誓旦旦說，馬歇爾在那本工作日誌上，記下這麼一段話：「十二月十二日：西北方刮起狂風。海面波濤洶湧。我從沒看過這種暴風雨。巨浪高高騰躍，甚至撲上了燈塔。杜卡特暴躁不堪……狂風暴雨持續。我們受困於此……杜卡特沈默不語。麥克阿瑟恐懼流淚。十二月十三日：暴雨下了一整晚。狂風轉吹向北邊。杜卡特依然不肯開口。麥克阿瑟在禱告……到了正午，天光灰濛濛。我和杜卡特、麥克阿瑟一起禱告。十二月十五日：雨過天青，大海恢復平靜。萬物又回到上帝的主宰。」

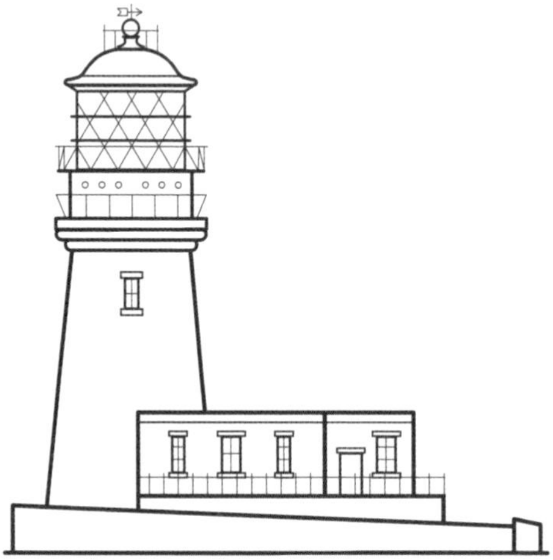

弗蘭南群島燈塔

大西洋

歐洲

58° 17′ 18′′ N

07° 35′ 16′′ W

建築師：艾倫・史蒂文森
建造時間：1895-1899 年
啟用時間：1899 年
自動化時間：1971 年
服役中
圓柱毛石燈塔
塔高：23 公尺
燈高：101 公尺
燈光射程：20 浬
目前鏡頭：三等菲涅耳透鏡
燈照特色：每 30 秒兩束白光

弗蘭南群島燈塔守神祕失蹤事件，引起眾多揣測，有些甚至是超自然的，並成為許多文學、音樂和電影的虛構故事的靈感來源。英國〈創世紀樂團〉在他們的一首歌〈弗蘭南群島燈塔謎團〉（The Mystery Of The Flannan Isle Lighthouse）傳唱故事。克里斯多福・尼霍姆（Kristoffer Nyholm）在二〇一八年執導的懸疑片《黑夜看守人》（The Vanishing），以這起事件作為電影情節的主軸，電影是在三座蘇格蘭燈塔拍攝，但未包括艾琳摩爾島的燈塔。

500 m

大 西 洋

39

64

50

61
46   42   44
                                                        45
43   37
                                                45
                                          22 26   44   40
44   33   70   5   40
51   26
52   34   42   40
28   37   28   24   31   38   38   35   38
                        16   38
35   5   37   37   42   傑爾提貝格島
52   38   ㄟ琳摩爾島   26
      40   26   21   37   27
羅艾瑞島   26   24   19   38   5   33   27   33   31
    20   24   30   37   37   38   24
32   26   37   39   39   33   31
+   泰格島   26   40
波那克   6   35   22   32   35
雷特山   41   38
43   24   41   36   22   11   33
                                36   10   ㄟ   38
                                            46   37   21
                                                        538   32   38
                                                            36   19   10   40
                        36   32   37
                    40   36   40   37
                        42   40   15   31   31
                                                        弗 蘭 南 群 島
                                                        （七 獵 人 群 島）
                                                                索瑞島
                                          23

戈布拉島

大英國協

13　　　戈德雷維燈塔

英國·
坦瓦爾郡·
坎寧思·
戈德雷維島

英國作家維吉尼亞·吳爾芙（Virginia Woolf）下筆如行雲流水，創作出《燈塔行》（To the Lighthouse）一書，故事中的一家人不斷推遲燈塔之行，以致於未能成行。《時代》雜誌認為，本作是二十世紀最佳的英文小說之一，靈感來自作者自身的經驗。吳爾芙幼時曾在每年夏天與家人在康瓦爾郡的海邊度假。散步途中，她從岸邊便能看見戈德雷維燈塔，矗立在聖艾夫斯灣一座陡峭的島嶼上。那些日子烙印在她的記憶裡，多年過後，以某種方式影響她的小說，儘管故事舞台發生在離那裡非常遙遠的地方。

「會下雨。」她想起父親，說出了這句話。「你們不能去燈塔。」這時已近夜幕降臨，霧氣圍繞燈塔亮銀色樓身，恍若眼睛的黃光突然優雅地睜開。

永無期限推遲燈塔之行，不只發生在虛構的小說中。許多燈塔守苦於物資補給和換班的延遲。一九二五年末，當維吉尼亞·吳爾芙在倫敦奮筆疾書寫下作品，戈德雷維燈塔的燈塔守李維斯（W.J.LEWIS）的同事因罹患肺炎返回陸地，他成了孤身一人。

在漫長的八天，李維斯孤獨守在戈德雷維島上，在霧氣中維持燈照和鐘聲運行，等待遲遲不去的暴風雨放緩，和小船送來替補同事崗位的另一名燈塔守。當吳爾芙在創作幾乎只有對話的小說時，李維斯也在日記上寫下他想與人交談的渴望：「連續五十四個小時的巡邏後，我再也忍不住睡了幾小時。這幾個小時，讓我覺得身心舒暢，能夠毫無畏懼面對接下來的黑夜，不過我已經開始感到孤身一人的影響。我需要跟人聊聊，真不敢相信，我整整一個禮拜連半個字都沒說，連首歌都沒哼，甚至連喃喃自語都沒有。」

他們都孤獨守在他們的燈塔內，飽受寂寞的折磨，寫下文字祛除他們心中的惡魔。李維斯出版了一本名叫《無盡的守夜》（Ceaseless Vigil）的書，內容傾訴部分不安的經歷。維吉尼亞·吳爾芙遍尋不著指引的光芒，無法克服某些難以訴說的痛苦。最後，她的遺體在烏茲河（Ouse）底被發現，大衣的口袋塞滿了石頭。

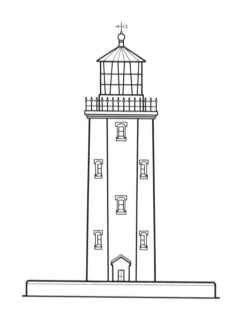

13

戈德雷維燈塔

凱爾特海

大西洋

歐洲

50° 14′ 33′′ N
05° 24′ 01′′ W

建造時間：1859 年
啟用時間：1859 年
自動化時間：2012 年
服役中
岩石包砂漿燈塔
塔高：26 公尺
燈高：37 公尺
燈光射程：8 浬
目前鏡頭：二等菲涅耳透鏡
燈照特色：每 10 秒一束白紅光

一八九二年九月十二日，十歲的吳爾芙參觀了戈德雷維燈塔，在訪客本留下她的簽名。一百二十年過後，訪客本在邦瀚斯拍賣中，以超過一萬英鎊的價格拍出。

大艾薩克燈塔

　　百慕達三角洲是一塊難以界定的範圍，邊界不但過於模糊，或許還充滿想像。有些衛道者在大西洋海域畫出一塊巨大的幾何圖形，定位點在巴哈馬群島、波多黎各以及邁阿密之間。他們把神祕失蹤案件歸於這個區域，言之鑿鑿說幾十架的飛機船隻在那裡憑空消失。

　　在比米尼群島東北方，有一座珊瑚礁岩像朵花開在海面上，小小的岩體表面十分尖銳。這座不毛的小島遍地鳥糞，上面有座壯觀的鑄鐵燈塔。根據當地人說法，這裡就是發生事故的地點。船難的發生，或許是原因成謎，或者是因為小島四周是不同水體的匯合處，還有大巴哈馬島淺灘、佛羅里達海峽，以及羅德島州普洛威頓斯市西北方海峽的海流，在水下形成一群虎視眈眈的掠食猛獸。

　　在燈塔上方，靠近魔鬼三角東邊頂點，不免也流傳幾則鬼故事。其中最廣為流傳的是「灰夫人」，這跟一種在月光下聽見的不尋常聲音有關。據傳，在十九世紀末，有艘船在大艾薩克島附近沉沒，船上乘客全數罹難。只有一位寶寶逃過一劫。從那一刻起，每逢月圓之夜，母親哀傷的哭泣聲就會傳遍島上。

　　除了在黑夜籠罩的珊瑚島上真偽難證的遊魂野鬼，還有樁未曾解決的懸案。一九六九年八月四日，大艾薩克島燈塔的燈塔守突然集體人間蒸發，沒有留下任何線索。當時燈塔照明出現異常，不斷的無線電呼叫也沒獲得回應，一支搜救隊伍從比米尼群島出發。他們一到燈塔，發現所有的房間整齊有序；用具、衣服和食物都在原本的位置上。然而，燈塔內卻空無一人，燈塔守下落始終不明。

　　或許這個謎團是一樁毒品或武器走私所引起的意外，或許是安娜颶風在八月二日和三日從小島旁擦身而過，捲走了燈塔守，或許失蹤案起於外星人綁架、靈異現象，或者詛咒頂點圍繞的百慕達三角洲。

　　不管謎團是否會解開，再也沒人回去看守燈塔。燈塔依然站在礁岩上屹立不搖，那聳立、模糊的身影，彷彿幽靈船的桅杆，而在燈塔旁，燈塔守廢棄的宿舍正在慢慢崩塌。

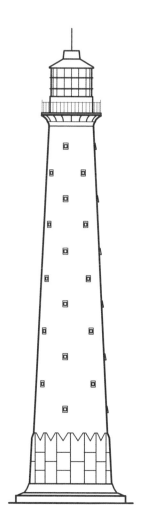

14

大艾薩克燈塔

佛羅里達海峽

大西洋

美洲

26° 02´ 41´´ N

79° 05´ 22´´ W

建造時間：1852 年
啟用時間：1859 年
自動化時間：1969 年
除役時間：2000-2009 年
鐵鑄圓柱燈塔
塔高：46 公尺
燈高：54 公尺
燈光射程：23 浬
燈照特色：每 15 秒一束白紅光

燈塔在照亮大艾薩克島的七年前，曾於一八五二年的倫敦萬國工業博覽會展覽。

想前往大艾薩克島，可以從比米尼群島搭船，不過燈塔已封閉，無法進入參觀。

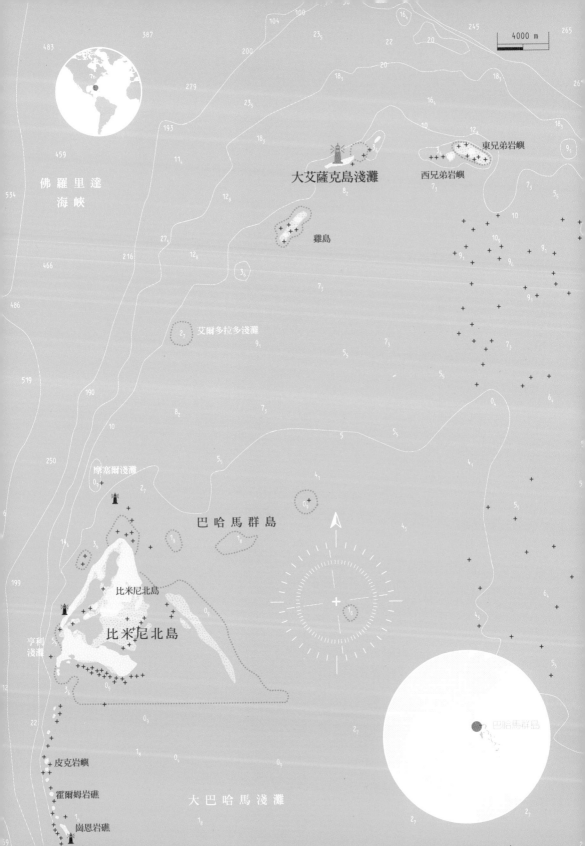

483 387

4000 m

104 100

16₄

245 265

23₅

26°

459

279

193

200

22

18₃

20

20

18₃

9₁

佛羅里達
海峽

11₁

18₂

18₃

16₄

10

12₈

西兄弟岩嶼

東兄弟岩嶼

534

大艾薩克島淺灘

3₄

3

7₅

5₉

12₈

8₂

27

466

216

雞島

12₈

10₉

10

9₉

9₈

3₃

486

7₅

9₁

519

艾爾多拉多淺灘

2₇

9₁

7₅

7₃

5₅

190

5₅

7₅

5₉

10

8₂

250

摩塞爾淺灘

0₃

2₇

巴哈馬群島

4₁

5₅

4₁

6

0₃

6₄

0₄

享利
淺灘

比米尼北島

比米尼北島

4₅

5₅

199

3₄

0₉

12

3₄

0₉

2₇

22

0₉

0₄

0₉

皮克岩嶼

1₄

0₄

0₉

2₇

霍爾姆岩礁

巴哈馬群島

崗恩岩礁

大 巴 哈 馬 淺 灘

1₈

2₇

59

北貓岩礁

15

格里普燈塔

挪威·
克里斯蒂安松
附近·
格爾姆小田島
里斯滕寺主山·
格里普的島

作家愛倫坡在過世的幾個月前，寫下他的最後一篇故事。這篇未完成的遺作沒有書名，後世稱為《燈塔》（The Lighthouse）。作品以故事形式編輯，只有三個開端。起始是這樣的：「一七九六年一月一日，這是我在燈塔的第一天，我的日記以記憶中德萬拉特（De Grät）的樣貌開始。我試著規律寫日記，雖然說，像我這樣與世隔絕的人會發生什麼事，並沒有人知道；或許我會生病，或者下場更慘……到目前為止一切順利！我們的船差點得救，可是我已經得救，為什麼還耿耿於懷？這是我這輩子第一次完完全全獨處，一思及此，我的精神開始振奮……」

故事發生在一座偏遠的挪威小島上。燈塔和它座落的位置不符合任何真實場景。可是，愛倫坡離開人間四十年過後，一座挪威小島蓋起一座可能是出於作家想像而來的燈塔。

在克里斯蒂安松市，陣陣浪濤撲打海岸，那片海域上散落一串小小的島群，彷彿列星構成的星宿。其中有一座島已無人居住，不過有一座可以參觀的十五世紀木造教堂，和漫步在一座漁村的彩色房屋之間。從那兒往北方看去，可以辨出一塊光禿禿的岩石，上頭矗立一座雄偉的燈塔，那是挪威第二高的燈塔。

「想從事這份工作，你的神經得如同鋼鐵般堅韌。」，招募格里普燈塔的燈塔守的廣告如此警告著。踏上小島已經相當冒險。這份危險的工作，還需要用到起重機和小船，困難度堪比雜技演員表演。他們用以領取物資和換班的露天碼頭，暱稱為「馬戲團」。守在塔內是更艱困。天候惡劣，導致無法在島上蓋房屋，燈塔守大部分時間都在狹窄的塔內寂寞度過。這些沉默的人得忍受柴油引擎折磨人的噪音，和在任何房間都能感受得到的永無間斷的震動。

史文·賈爾·維肯（Svein Jarle Viken）在格里普燈塔工作五年，他飽受惡夢騷擾，幾乎難以成眠。在夢中，維肯身上綁著起重機在海上飛翔；他離開了小島又再降落，一次又一次重複。這種無法平靜的心情，正是愛倫坡的故事所描述，燈塔守即使告別與世隔絕的燈塔看守工作，多年後依然擺脫不了這種情緒。

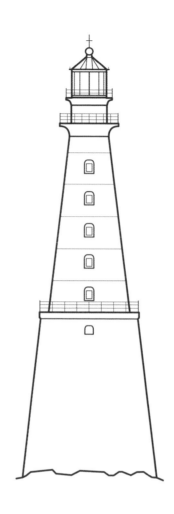

格里普燈塔

挪威海
大西洋
歐洲

63° 14' 01'' N
07° 36' 33'' E

建造時間：1885-1888 年
啟用時間：1888 年
自動化時間：1977 年
服役中
鑄鐵錐形圓柱燈塔
塔高：44 公尺
燈高：47 公尺
燈光射程：19 浬
燈照特色：每 8 秒各一束白、紅、
　　　　　綠光，伴隨兩次閃爍。

　　據說曾有位女子來到這座燈塔。
她的到來，引起兩名燈塔守爭執。緊
張氣氛逐漸升高，到了難以忍受的地
步：發生了在島上追逐、拿利刃威
脅，在塔內築溝相對。不幸被鎖在門
外的燈塔守不得不露宿多日，直到格
里普的漁民伸手援救。最後，高層換
掉兩名燈塔守，那名女子也返回了陸
地。

葛豐海峽

格里普燈塔

貝克斯拉島

傑瓦拉暗礁

弗雷沙

格里普島

克維廷恩島

葛羅島

莫霍曼島

印戈里班島嶼

弗拉斯克切林根島

挪威

克里斯蒂安松市

斯維哥雅島

羅卡島　斯維根

傑爾克瓦根

1000 m

瓜達富伊燈塔

二〇一五年，《墨索里尼燈塔》（Il faro di Mussolini）出版上市，在義大利幾乎沒人知道這本書談的是什麼。不過兩年前，作者阿爾貝托‧阿波西（Alberto Alpozzi）對燈塔也認識不深。他是名特派攝影記者，專門報導陷入危機的地方，他出發前往中東的亞丁灣，準備製作索馬利亞海盜紀事錄。他在旅途上沒遇到海盜，但是搭乘直升機飛越索馬利亞東北端時，被一座石造燈塔深深吸引，拍下了幾張照片。

瓜達富伊角勾勒出非洲之角。這個地區在古典時代稱作「香料之地」，土生土長的當地人稱為「哭泣之角」，古時的義大利水手叫瓜達富伊角，意味「看和逃」，因為這裡有驚險的海流和突然出現的濃霧。當地的強盜曾利用這種猛然驟變的海象打劫航行而過的船隻。他們在懸崖上升起篝火，讓航海者誤以為是燈塔，駕駛船隻靠近海岸，淪落不幸的命運。

自從蘇伊士運河在一八六九年開通，照亮這一帶蠻荒的海岸的想法逐漸顯現，殖民地戰爭之後，這裡成為義屬索馬利蘭。一九二四年，瓜達富伊角上豎立一座叫「弗朗西斯科‧克里斯皮」的鑄鐵燈塔，在當時歐洲報紙認為這是「義大利文明在重要航線上的革新監視哨」。

但是反抗義大利統治的暴動開始在索馬利亞蔓延開來，這座燈塔不得不承受叛軍的攻擊。最後燈塔嚴重損毀，保護燈塔的軍隊遭受重大傷亡。一切平息後，義大利人建造一座石造燈塔，以水泥管加強塔身，這種結構比較堅固，其中又以其特殊裝飾為特點，那是一把石斧，象徵當代義大利統治的法西斯帝國主義。

索馬利亞通常不會是個被選作度假目的地之處，瓜達富伊角是個幾乎不可能抵達的地點。那裡有變化莫測的沙漠、險惡的海洋，當地政治不穩，總總因素的加總，令它難以擺脫與世隔絕的境況。或許這七十年來，只有很少或根本沒有半個義大利人碰過這座燈塔的淡紅色石頭。它的殘骸在時間的踐踏下存活下來，但是若沒有阿波西的照片，我們今日恐怕還無法一睹它的樣貌。

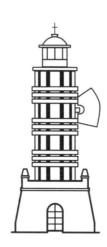

16

瓜達富伊燈塔

瓜達富伊運河
印度洋
非洲

11° 49′ 00″ N
51° 17′ 00″ E

建造時間：1924、1930 年
啟用時間：1924、1930 年
除役時間：1957 年
圓柱毛石燈塔
塔高：19 公尺
燈高：26.3 公尺

　　最後一位燈塔守綽號叫「瓜達富伊王子」，他堅守崗位直到一九五七年。他叫安東尼奧・塞瓦吉（Antonio Selvaggi），一九四一年落入英國人手中成為俘虜，最後他在索馬利亞首都摩加迪休當理髮師。他在一次訪談中聲明：「我們非常孤立，只有作為交通工具的三匹駱駝。」光是要到沙烏地阿拉伯歐拉，也就是離最近的綠洲城鎮領取郵件，騎駱駝也需要兩天的路程。

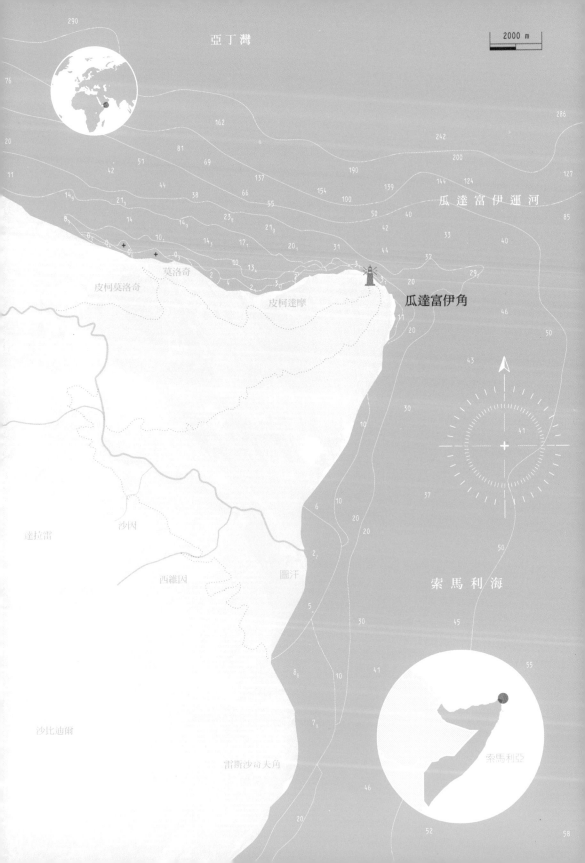

亞丁灣

2000 m

瓜達富伊運河

瓜達富伊角

索馬利海

皮柯莫洛奇

莫洛奇

皮柯達摩

達拉雷

沙冈

西維冈

圖汗

沙比迪爾

雷斯沙奇大角

索馬利亞

17　朱蒙燈塔

　　儘管外頭狂風暴雨，泰歐·馬勒哥恩（Théo Malgorn）依然能從燈光通明的房間，聽見隆隆作響的螺旋槳引擎。他在好奇的驅使下，來到燈塔下層。他打開門，看見一架直升機飛在伊豪司海的怒濤上方。攝影師吉恩·吉夏爾（Jean Guichard）正從空中往下俯瞰，大西洋的浪濤不斷撲上朱蒙燈塔。他憑著不可思議的直覺，按下相機，正好捕捉到精準的一刻：燈塔守站在門口，滔天巨濤吞噬了燈塔。

　　這張照片直叫人看得心驚膽跳。一看到照片，便會想知道燈塔守未知的下場。或許畫面傳遞沉重的不安，因而獲頒一九九〇年的世界新聞攝影獎。這張照片的故事最後的結局是皆大歡喜。燈塔守差點被海浪捲走，不過他即時關上門，逃到安全的角落。他毫髮無傷，只是嚇了一大跳，弄溼了一雙腳。

　　朱蒙燈塔因為浪濤聲名大噪，不過同樣的浪濤在多年前曾阻斷它的建造計畫。弗羅夫通道（Fromveur）洶湧的波濤，曾見證無數的船難，有些特別叫人心碎和有名，例如英國輪船〈德拉蒙德城堡號〉（SS Drummond Castle）。查理·尤金·波托（Charles-Eugène Potron）是逃過其中一起船難的旅客，當時他是巴黎地理學會的一員。經歷這麼悲苦的經驗後，他在遺囑中把上千法郎捐出，希望在韋桑島附近蓋一座燈塔，他寫下：「以人類的力量救災是英雄之舉，但最好的方法還是預防發生。」這位捐款人只有一個條件：燈塔必須在他死後七年完工。

　　一九〇四年開工之後，燈塔以飛快腳步建造，終於在約定的時間內勉強啟用，但建造過程太過倉促，沒幾年塔身開始搖搖欲墜。燈塔遭受幾場暴風雨吹襲後，建築結構很快出現異常搖晃。風雨來襲間，許多燈塔守都曾嚇得魂飛魄散，燈塔彷彿就要崩塌在海上。後來燈塔歷經連續整修，不過工程十分複雜而昂貴，總共花費三十年才完工。儘管經過補強，對多數人來說，朱蒙燈塔依然是「韋桑島的地獄」。

　　泰歐·馬勒哥恩在此工作十四年，在一九九一年離開了這座地處偏僻的自動化燈塔。他依然住在韋桑島，當他沿著島上懸崖散步，總會凝視遠處燈塔令人難忘的輪廓，偶爾遙想起那道聞名的巨浪在暴風雨中撲上燈塔的瞬間。

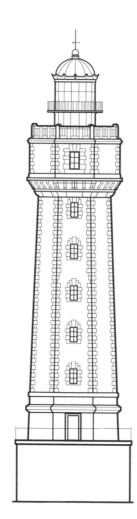

17

朱蒙燈塔

伊豪司海

大西洋

歐洲

48° 25′ 40″ N
05° 08′ 00″ W

建造時間：1904-1911 年
啟用時間：1911 年
自動化時間：1990 年
服役中
八角形石造燈塔
塔高：47 公尺
燈高：41 公尺
燈光射程：22 浬
燈照特色：每 15 秒三束紅光

二〇一七年冬季，當地對撲打朱蒙燈塔的海浪進行測量，測出最大的巨浪高達二十四公尺半。

菲利普・里奧雷（Philippe Lioret）執導的電影《光明》（L'Équipier）在二〇〇四年上映，描述以韋桑島為舞台的故事，主角是朱蒙燈塔的燈塔守。

二〇一五年十二月，朱蒙燈塔被列入法國歷史古蹟。

1000 m

凱勒島　　貝尼魯海灣

史地夫燈塔

史地夫海灣

梅柯恩燈塔

韋桑島

朗波勒

喬斯加

克維亞許角

貝恩角

尼維迪
克燈塔

朗波勒灣

圖拉朗

佩恩岩海灣

弗羅夫通道

克雷沃燈塔

班內克島

佩恩維雷角

朱蒙燈塔

伊魯瓦斯海

法國

小古拉索燈塔

　　與委內瑞拉海岸相望，這是一小塊往南延伸到加勒比海的荷屬陸地。十七世紀期間，從歐洲低地國來的殖民者，在古拉索島上設立荷蘭東印度公司的辦公室，負責大西洋大部分的販奴生意。這門生意油水豐厚，首府威廉斯塔德因此興盛富裕，到了今日，島上除了成為人類遺產的殖民時期建物，還搖身一變成為觀光勝地和避稅天堂。

　　因為西北季風和強勁海流，經常有船隻在距離古拉索往南方兩小時航程的一座小島沉沒，走一趟小古拉索島向風海岸，會發現除了成千上萬的塑膠瓶和其他現代垃圾外，還能夠憑弔「蓋茲曼號」（Maria Bianca Guidesman）銹跡斑斑的殘骸，那是在上個世紀七〇年代擱淺的油輪，以及德國貨輪「馬格達萊納號」（Magdalena）在一九三四年觸礁後的殘跡，還有最近的法國遊艇「哈囉號」殘餘的船身，那身影靜靜停在沙灘上，彷彿那裡是它的墓園。

　　前往小古拉索島，必定經過惡名昭彰的航線，也就是所有船隻從非洲運送奴隸往加勒比海的航線。生病的奴隸必須上岸接受隔離，直到健康好轉，或者嚥下最後一口氣。如果熬不過旅程，就會就地掩埋在沙灘上。

　　第一座燈塔「亨里克王子」蓋在這座島上，不過運作還未滿三十年，就在一八七七年遭一場颶風吹毀。從此小島籠罩在無常的漆黑中，直到一九一三年另一座燈塔啟用，讓人嘖嘖稱奇的是，如今這座燈塔依然豎立在這片荒地的中央。這座燈塔是粉紅色的，跟許多威廉斯塔德的建築一樣顏色，它曾經服役一段時間，不過隨著二十世紀腳步離去，也逐漸被遺忘。它在露天的遺跡熬過了摧殘，矗立在內地模樣，彷彿另外一縷遭遇船難後徒剩枯骨的幽魂。

　　在二十一世紀的第一個十年，這座燈塔重新啟用，自動化的燈具每十五秒發出兩束燈光。也是在這段時期，荷蘭政府為了低地國曾參與販賣奴隸的國際生意，表達深深的悲痛與悔恨。

18

小古拉索燈塔

加勒比海

南美洲

11° 59′ 23′′ N
68° 38′ 35′′ W

建造時間：1850、1879 年
啟用時間：1850、1913 年
自動化時間：2008 年
服役中
圓柱毛石燈塔
塔高：20 公尺
燈高：25 公尺
燈光射程：15 浬
燈照特色：每 15 秒兩束白光

一八一七年，一名叫約翰·戈登（John Godden）的英國工程師開始在小古拉索島上開採鳥糞石的磷酸鹽。開採礦石和殖民者引進的羊群畜牧，最後摧毀了島上脆弱的生態系統。

小古拉索島是無人島，想前往島上，要從威廉斯塔德搭船前往。到了那裡，可以在燈塔四周踏青，和參觀隔離奴隸的建築。

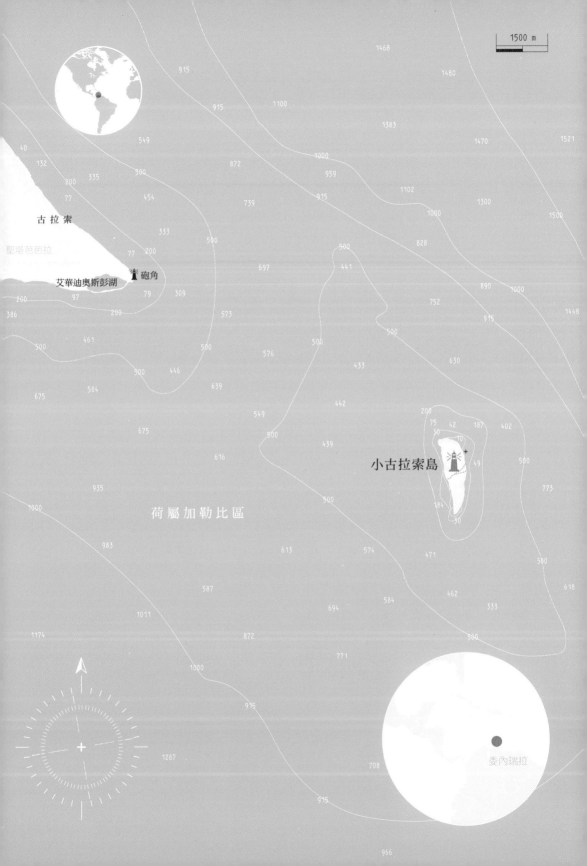

石灰岩島燈塔

她首次拯救生命是在一個個陰沉的冬日。四名新兵從亞當斯堡附近，無憂無慮駕船出遊。他們其中一人爬上桅杆，開始左右搖晃。原本朋友間開開玩笑，卻釀成不幸。帆船翻覆，幾位年輕人不會游泳，只能拼命浮在水面。有個女孩從燈塔的窗戶目睹這一幕。她立刻奪門而出，自駕一艘小船前去搶救，成功救了他們一命。當時艾妲‧李維斯（Ida Lewis）年僅十二歲。

一八五八年過去了。五年前，她的父親接受派任，成為石灰岩燈塔的燈塔守，這是一座兩層樓磚造建築，座落在西北街角，會發出微弱的固定光束。這座小小的燈塔距離海岸大約三百公尺遠，主要指引船隻進入紐波特的內部港口。後來她的父親不幸中風，再也無法工作，艾妲和她的母親立刻接手燈塔工作。艾妲除了看守燈塔，還每天划船載弟妹上學。當時她已經成為紐波特港最優秀的游泳健將。

艾妲年年駕船救人，獲救的對象有：中士、一般士兵、五名女子……有時，救援行動異常艱難，艾妲往往要花上好幾天恢復體力。二十五歲那年，她無意間成為名人，躍上當代最知名雜誌的幾頁篇幅，幾百人湧向石灰岩燈塔，想要認識她。紐波特港居民贈送她一艘取名為「救援」的小船、鍍金的槳架，和天鵝絨靠墊。連總統尤利西斯‧格蘭特（Ulysses S. Grant）都來拜訪她，他沾濕雙腳想到島上，他說：「我是來見艾妲的，就算得要涉水而過，即使水淹到胸口，我也心甘情願。」

她低調嫁給威廉‧威爾森（Wiliianm WIlson），小倆口婚後定居在黑岩港。但是他們的婚姻生活稍縱即逝。艾妲不願意離燈塔太遠，不久她就返回石灰岩島燈塔。一九七九年她被正式任命為這座燈塔的燈塔守。

「有時，雨水打在窗戶厚實的玻璃上，猶如萬馬奔騰，模糊了窗外的景色，而海面拋起滔天巨浪，一連好幾天，任何船隻都不敢靠近小島，我們都已飢腸轆轆。但是我很快樂。在這座島上有一種我在岸上無法尋得的平靜。夏天，數百艘船隻從這座港口進進出出，這種快樂來自他們都需要靠我來指引它們。」

一九一三年十月的一天早晨，艾妲‧李維斯的生命之光在那座燈塔中永遠熄滅。石灰岩島燈塔將會以艾妲‧李維斯留名青史。

19

石灰岩島燈塔

納拉甘西特灣

大西洋

北美洲

41° 28´ 40´´ N
71° 19´ 35´´ W

建造時間：1853 年
啟用時間：1854 年
自動化時間：1927 年
除役時間：1963 年
連結住屋的磚造燈塔
塔高：4 公尺
燈高：9.1 公尺
原始鏡頭：六等菲涅耳透鏡

　　一九二〇年末，一座可以抵達小島、住屋和石灰岩島燈塔的木頭步道落成，後方兩棟建築轉手給了想保存燈塔歷史的導航裝置集團。同時間建造的還有艾妲·李維斯遊艇俱樂部，俱樂部到今日仍在營業。俱樂部的三角旗幟上有一座藍色燈塔，紅底散落十八顆白色星星，代表艾妲·李維斯拯救過的每一條生命。

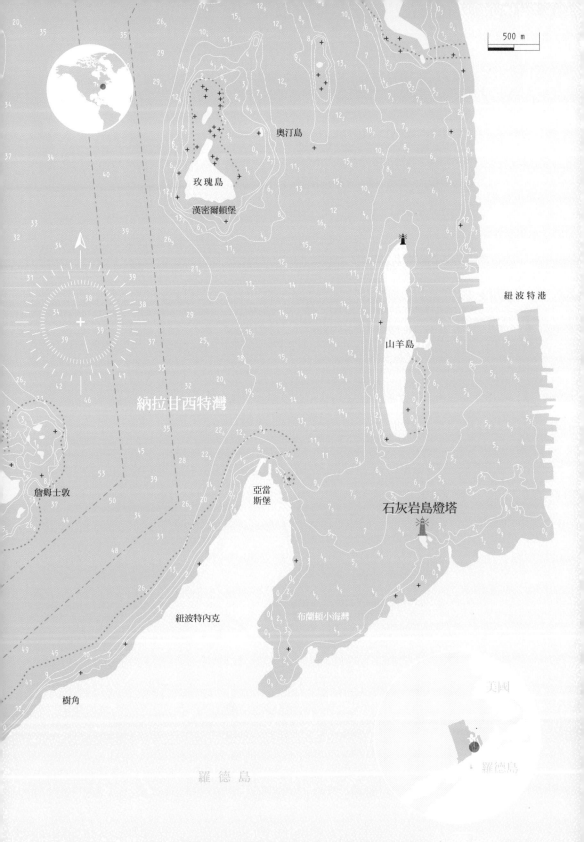

納拉甘西特灣

玫瑰島

漢密爾頓堡

奧汀島

山羊島

紐波特港

詹姆士敦

亞當
斯堡

石灰岩島燈塔

紐波特內克

布蘭頓小海灣

樹角

美國

羅德島

羅德島

500 m

朗斯通燈塔

英國・
諾森伯蘭郡・
法恩群島・
朗斯通燈台

葛蕾絲・達林（Grace Darling）在二十六歲那年死於肺結核。她出身貧苦家庭，最終長眠於聖艾丹大教堂內的一座大陵墓。在她的故鄉班堡，有座紀念她的博物館。博物館開幕之際，正是「福法郡號」（Forfarshire）發生船難滿百年。葛蕾絲沒有留下任何照片，但是館內收集並展出有關她生活中的各種物品，比如她和姊妹共穿的一件洋裝，她經歲月染白的一截辮子，還有用來救援的搖槳小船。在其他櫥窗，也展示一本日文書，好能讓日本學者了解她的生平。

一八三八年九月七日，「福法郡號」斷成兩截。這艘輪船在在前一天六點半從赫爾港口啟航，晚間十點發生引擎故障，凌晨三點半撞上大哈卡岩石島。輪船原本要開往蘇格蘭丹地，怎料意外遇上強烈暴風雨，偏航撞上法恩群島的礁岩。船上有漢伯船長和他的組員、四十名乘客，和一批棉花與銅礦。

葛蕾絲凝視狂風暴雨拍打燈塔的窗戶。當天色開始濛濛發亮，她清楚看見船難的殘骸，她感覺遠方的小島上似乎有人影。她通知父親威廉，他是朗斯通燈塔的燈塔守，儘管在風雨中航行非常可怕，父女倆仍決定乘一艘小漁船冒險出海。他們在風雨交加的海面划船，逆風前進一公里，路途驚險萬分。他們在大哈卡岩石島上找到九名倖存者。道森夫人的膝上枕著她兩名失去生命氣息的幼子，羅柏牧師十指交叉，剛嚥下最後一口氣。葛蕾絲對抗怒濤撲打，駕駛小船，父親幫助船難者。

同時間，一艘載著七名男子的救生船從北桑德蘭出發。但是他們在「福法郡號」的殘骸間找不到任何生還者。他們筋疲力竭，返回港口又困難重重，於是改道朗斯通燈塔尋求避難。在那兒，他們訝異發現達林父女和船難倖存者圍在溫暖的爐火旁。暴風雨遲遲不去，徘徊好幾天，這十九個人共同分享燈塔內狹窄的房間，直到能夠返回陸地。

這則新聞恍若烈火燎原，迅速傳開，各報爭相報導這起成功的救援行動。葛蕾絲受到褒揚、獲頒獎牌，並收到獎賞。她英勇的故事也萬世留芳。

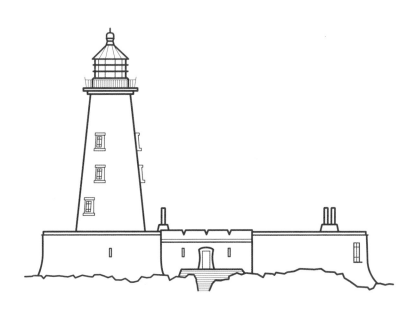

朗斯通燈塔

北海
大西洋
歐洲

55° 38′ 38′′ N
01° 36′ 39′′ W

建築師：約瑟夫・尼爾森
建造時間：1825 年
啟用時間：1826 年
自動化時間：1990 年
服役中
圓柱石造燈塔
塔高：26 公尺
燈高：23 公尺
燈光射程：18 浬
燈照特色：每 20 秒一束白光

　　法恩群島現在是無人島，但是在中世紀曾是修女和修士的隱居地。著名的聖人像是愛爾蘭傳教士聖艾丹，或者本篤會隱士法恩的巴塞洛繆，都曾在這裡遁世許多年。

　　自一七三三年起，這些島嶼上陸續有六座燈塔，目前只剩下兩座尚在服役；一座在內陸法恩島的法恩燈塔，一座在外部法恩島的朗斯通燈塔。

北海

500 m

朗斯通燈塔

北威爾斯

朗斯通燈塔

布朗斯曼島

斯台普島

斯台普海峽

梅格斯頓

克魯姆斯托恩

法 恩 群 島

法恩海峽

索蘭岩島

諾克斯礁

布什礁島

內陸法恩島

內部海峽

班堡

大英
國協

錫豪西斯

馬薩伊克燈塔

越過此地再往南些,再無任何燈火。只有一片險惡的海洋和咆哮西風帶。下一站陸地就是南極洲。

馬薩伊克島是一座從塔斯馬尼亞海島州剝離的岩島,夾在太平洋和印度洋之間。島上寸草不生,杳無人跡,難以前往;有人稱這裡是「南方孤島」(South Solitary),事實上這個名字指的是北邊一點的一座澳洲小島,距離一千六百公里遠,那裡比較靠近人口聚集地。馬薩伊克島是一座風雨之島,經常承受每小時一百公里風速的狂風,還有一個禮拜下五天雨的天氣。有時,在暴雨中怒吼的狂風,力量足以吹倒一個人。那風力甚至能掀開燈塔守住處的屋頂,打破窗戶,把燈塔吹得搖搖欲墜,差點對摺成兩半。

那裡的雷電也不遑多讓,和狂風一樣齊名。約翰・庫克(John Cook)曾是馬薩伊克燈塔的燈塔守,在那裡工作八年,他坦承說,在島上工作期間,他遇過的最可怕時刻,是一道閃電劈中燈塔,巨響過後的力量,將他拋起撞向牆壁。二〇一五年,另一道閃電劈下,讓工作站整整幾個禮拜失去電力。

儘管如此,對約翰・庫克來說也有一些溫暖和甜蜜的時刻,他能遙望鼠海豚和鯨魚,凝視夜空下的極光,或者讚嘆無以倫比的夕陽西下美景。

「我喜歡島上的生活,我感覺身體比起在陸地更有活著的感覺,人們問我們怎能忍受那裡的孤獨和寂寥,但是當你敞開感知,便只能以刺激形容。」

一八九一年,燈塔豎立在島上之初,若發生緊急事故,只能靠飛鴿傳訊聯繫外界,每次派出三隻,期望至少有一隻能飛抵目的地。此外,島上的工作繁重,需要爬上一百二十五階,到塔頂的燈具處點煤油燈,每二十分鐘充一次煤氣,確保燈質乾淨明亮。這件工作持續到夜晚,全年無休,直到燈塔電氣化,換掉煤油燈,從那時起,塔斯馬尼亞州南方的漁船靠著比較黯淡的燈光指引方向。庫克說,他認為這是「結局的開始」。隨著電氣化的來臨,燈塔守的工作恐將被打入滅絕的職業清單。

約翰・庫克出版了他的回憶錄《最後的燈塔守》(The Last Lighthouse Keeper)。目前他已經高齡八十五歲,他的藍色眼眸依然繼續搜尋著海平面。他在遺囑中寫下一個願望:「往生後能葬在馬薩伊克島上安息,直到永恆。」

21

馬薩伊克燈塔

太平洋
和印度洋
大洋洲

43° 39' 25'' S
146° 16' 17'' E

建造時間：1891 年
啟用時間：1891 年
自動化時間：1996 年
服役中
磚造錐形燈塔
塔高：15 公尺
燈高：140 公尺
燈光射程：26 浬
燈照特色：每 7.5 秒一束白光，
　　　　　每四束白光熄滅一次

　　最初的燈塔在一九九六年遭到汰換。新的燈塔是以太陽能自動運轉，但近年啟用了一項志工專案，給兩人組團隊到島上短居六個月。短期租客須承諾擔起監督燈塔運作、保養燈塔設備，和天氣測量的工作。這項專案在第一次召集時，收到超過千封的申請書。

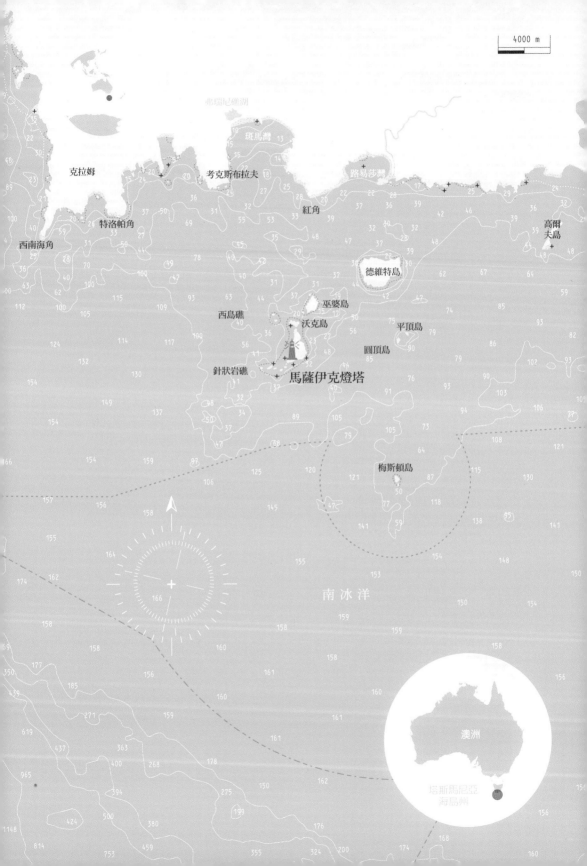

4000 m

北瑞尼礁潮

斑馬灣　13

克拉姆　　　　考克斯布拉夫　　　　路易莎灣

特洛帕角　　　　　　　　紅角

西南海角

德維特島

高爾夫島

西島礁　　　　　巫婆島

沃克島　　　　平頂島

圓頂島

針狀岩礁

馬薩伊克燈塔

梅斯頓島

南　冰　洋

澳洲

塔斯馬尼亞
海島州

馬蒂尼克斯岩燈塔

　　當毫無經驗的凱文・阿瑟諾（Kevin Arsenault）被指派任職燈塔守助手時，他對要服務的燈塔幾乎一無所知，他問海岸防衛隊同事那裡是怎麼樣的生活。其中一人信誓旦旦說，每棵樹後面都躲著一個年輕女孩。

　　要是阿瑟諾曾讀過一八九一年的燈塔大會年報，或許就會知道馬蒂尼克斯島沒有半棵樹、灌木叢，岩石上也沒半叢野草。島上只有一堆散亂的岩石，經常被海浪拖走和搬動。

　　事實上，這座蠻荒島嶼上的燈塔比植物還要多，其中兩座雙胞燈塔各自豎立在島的兩端，照亮緬因州最危險的海域。

　　但是在馬蒂尼克斯島上確實有著女性，她們尤以勇氣和膽量而與眾不同。艾比・伯吉斯 (Abbie Burgess) 在十六歲那年，跟著雙親和妹妹們來到這裡。艾比的父親負責看守燈塔，她協助父親維持燈塔正常運轉，並照顧生病而沒有工作能力的母親。

　　一八五六年一月，燈塔守沙姆埃爾・伯吉斯（Samuel Burgess）駕駛小船出海尋求補給。他離開期間，一場突如其來的暴風雨來襲，他無法返回島上。三天過後，風勢越吹越強，浪濤越掀越高，島嶼絕大部分都淹在水中。當他們的住屋開始淹水，艾比把母親和妹妹們搬移到唯一能避難的安全地點：北邊燈塔。當水開始淹到膝蓋，她冒險救出還留在柵欄裡的母雞。除了一隻外，她全都成功救出。半晌過後，驚天巨浪襲向岸邊，沖走了屋子和雞舍。她們整整四個禮拜無法離開燈塔，每天靠著分食一杯玉米和一顆雞蛋撐下去。艾比維持燈光正常運作。終於，暴風雨減緩。沙姆埃爾・伯吉斯憂心忡忡，回到島上，以為再也無緣見到家人。然而，他們歡喜相逢。他們全家都健康安全。

　　五年過後，馬蒂尼克斯島又有一座新燈塔；約翰・格蘭特（John Grant）在兒子伊薩克（Issac）的陪伴下，來到島上看守燈塔。伯吉斯一家得要搬走，但是艾比繼續留守燈塔，教授剛剛上任的燈塔守如何操縱燈塔的功能。然而艾比和伊薩克之間譜出戀曲，和大西洋的浪濤一樣突如其來。艾比已經離不開馬蒂尼克斯島。他們小倆口在隔年結婚，這段婚姻誕生了四個孩子，日後都在疾風中長大成人。

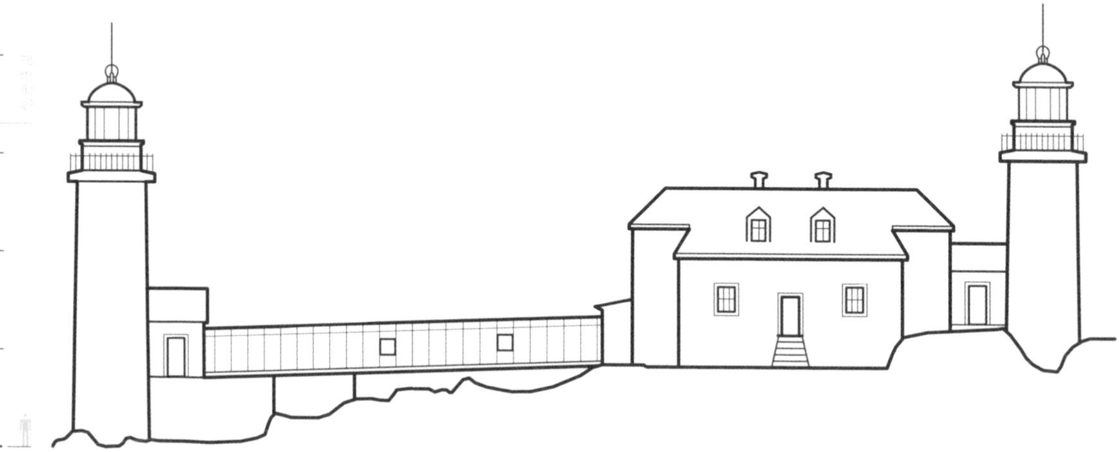

馬蒂尼克
斯岩燈塔

大西洋
北美洲

43° 47´ 05´´ N
68° 51´ 18´´ O

建築師：亞歷山大・帕里斯
建造時間：1827 年
啟用時間：1846 年
自動化時間：1983 年
服役中
圓柱花崗岩燈塔
塔高：14.5 公尺
燈高：27 公尺
燈光射程：20 浬
燈照特色：每 10 秒一束白光

艾比・伯吉斯在一八九二年過世。她在最後一封信寫下，她經常夢見馬蒂尼克斯岩燈塔的老舊燈具，她問自己在離開筋疲力竭的皮囊後，靈魂是否還能繼續看守燈塔。

這座燈塔在一九八八年被列入美國歷史史蹟名錄。

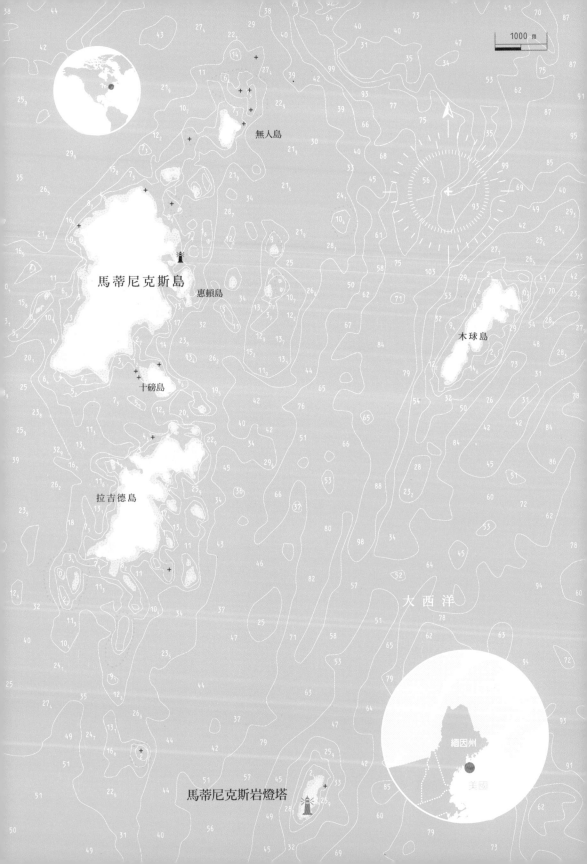

無人島

馬蒂尼克斯島

惠頓島

十磅島

拉吉德島

木球島

大 西 洋

馬蒂尼克斯岩燈塔

緬因州

美國

1000 m

納瓦薩島燈塔

十九世紀初，鳥糞石是眾人垂涎的原物料。這種有機肥料來自大量的海鳥糞堆積，對於急遽成長的農業來說，是極具價值的肥料。因此不難理解，這突然間爆發的商機掀起熱潮，幾百座小島、大島、岩島和岩礁上，都覆蓋著幾千年來層層堆積的信天翁、鸕鶿、北方塘鵝，以及海鷗的糞便。

一八五六年，美國國會通過法案，允許公民佔有所有蘊藏鳥糞和不受任何國家管轄的島嶼。整個十九世紀下半葉，美國依據《鳥糞島法案》佔領超過上百座的島嶼。

哥倫布曾經從牙買加派出兩艘船，船隻在前往伊斯帕尼奧拉島途中遇見一座不起眼的島嶼，後來遠離而去，因為那裡全是岩石，沒有任何淡水、樹木，只有險崖，他們替小島冠上「納瓦薩島」一名。接下來三百年間，水手往往避開在那裡下船，直到一八五七年，一位叫彼得．鄧肯（Peter Duncan）的美國船長主張擁有納瓦薩島和蘊藏百萬噸的鳥糞石。

一百四十名非裔工人從美國馬里蘭州而來，在白人工頭的鐵腕控制下，頂著熱帶的烈陽開採肥料。一八八九年，爆發一場工人暴動，造成五名工頭慘死。帶頭煽動者在巴爾的摩接受判刑。暴亂平息後，採礦逐漸走下坡，到了古巴戰爭正炙熱期間，生產磷酸鹽肥料的公司宣布破產。

這座島一直無人居住，直到巴拿馬運河開通，向風海峽被宣為從美國東岸到太平洋最快的一條航線，才經常見得到人煙。就是在這段期間，島上蓋了一座大型水泥燈塔，幾乎五十公尺高，有幾間供燈塔守居住的房間。十五年間，燈塔都是由美國海岸防衛隊的燈塔守看守。但是沒有人忍受得了這片僻壤和令人窒息的炎熱氣候。一九二九年，工程師喬治．普特南（George R.Putnam）開發一套系統，讓燈照走向自動化，納瓦薩島燈塔成為世界上首批自動化的燈塔之一。

一九九六年，燈塔熄燈。從那時起，巨大的燈塔四周，只剩野生的貓、狗和豬閒晃。無花果樹和灌木叢，在這片遺忘的土地上恣意所欲遍地叢生。這位象徵地標的巨人，改為指引著毫不留情盤踞整座島的茂盛的熱帶雜草。

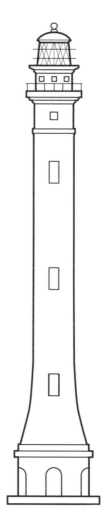

23

納瓦薩島燈塔

加勒比海

中美洲

18° 24′ 01′′ N
75° 00′ 39′′ W

建造時間：1917 年
啟用時間：1917 年
自動化時間：1996 年
岩石地基水泥燈塔
塔高：49.3 公尺
燈高：120 公尺
原始鏡頭：二等菲涅耳透鏡

　　納瓦薩島是一片極具爭議的土地，兩百多年來紛爭不斷。這是美國藉著《鳥糞島法案》佔領的第一座島嶼，但是早在一八〇四年，海地已正式宣稱那是他們國家的領土。這座島的主權還在訴訟中，但目前是由美國魚類及野生動物管理局（FWS）管轄。

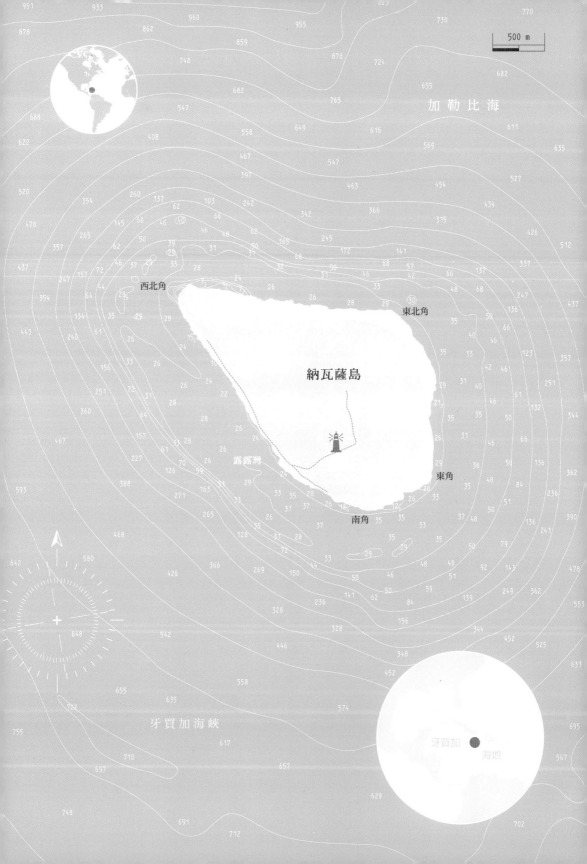

加勒比海

納瓦薩島

西北角

東北角

東角

露露灣

南角

牙買加海峽

牙買加　海地

500 m

羅本島燈塔

尼爾森‧曼德拉（Nelson Mandela）曾在羅本島住過，他藉著畫筆創作一系列彩色素描，作為對往日的回憶。畫上呈現的是他回憶中的樣貌：港口、教堂、窗戶、燈塔，以及監獄。

海豹島是一塊非洲土地──羅本（Robben）在荷蘭語意為海豹，在一萬兩千年前冒出海面。曾有滿載寶藏的船在島嶼沿岸沉沒，因此歐洲在南非殖民之初，就在島上的最高處升起篝火，警告需要繞過島嶼的船舶。約翰‧范里貝克（Jan van Riebeeck）是開普敦的統治者，他推動酒類生產、經營毛皮生意、買賣奴隸，並在一六五七年豎起南非土地上的第一座燈塔。這座燈塔很快毀於暴風雨，不過，約瑟夫‧弗萊克（Joseph Flack）在一八六四年所蓋的燈塔，到了今日依然點著燈。

燈塔、島嶼和監獄之間的糾葛，經常過於黑暗。荷蘭人除了在羅本島豎立照耀的光芒，還找了個合適的地點，以放逐想驅離的公民。許多反殖民政府運動的領導人最後的屍骨都埋在島上。後來在英國統治下，除了邪惡的監獄，還蓋了一間麻瘋病院和一間精神病院。在幾乎整整一個世紀期間，殖民地收容幾百名病患；與此同時，監獄也擴建空間，鞏固圍牆。

燈塔守和獄卒之間的關係相當親密。燈塔守和他們的家屬仰賴監獄協助物資和食物的供給。哨衛大部分時間也被關在島上，他們多半在燈塔下打發空閒時間，有些人最後娶了燈塔守的女兒。

曼德拉是在一九六四年冬天踏上羅本島，往後十八年的日子中，他被關在一間四平方公尺大小的牢房內。他有個充當廁所的桶子，從清晨六點開始在一座露天礦場工作，最後因此差點全盲，他一整年只能收兩封信，和獲准一場三十分鐘的會面。南非種族隔離期間，他和其他政治犯被監禁在這座最嚴密的監獄，飽受最無情的種族壓迫。

尼爾森‧曼德拉、瓦特‧西蘇魯（Walter Sisula）、高凡‧姆貝基（Govan Mbeki），和艾哈邁德‧卡特拉達（Ahmend Katharada）在塔燈的照耀下，一起立下他們反抗壓迫的決心。他們在囚禁期間，精進了他們的領導能力，卻對自己將成為領導南非未來的英雄還渾然未知。

24

羅本島燈塔

大西洋

非洲

38° 48' 52'' S
18° 22' 29'' E

建築師：約瑟夫‧弗萊克
建造時間：1865 年
啟用時間：1865 年
服役中
圓柱毛石燈塔
塔高：18 公尺
燈高：30 公尺
燈光射程：24 浬
燈照特色：每 7 秒一束 5 秒閃爍紅光

　　一九九九年，聯合國教科文組織（UNESCO）宣布羅本島為世界遺產。現今，島上的古老監獄是一座博物館，紀念南非種族隔離期間的受難者。有些曾經遭囚禁在此的政治犯就在博物館工作，向參觀的遊客敘述他們在羅本島的生活和經驗。

鳥岩島燈塔

美國博物學家約翰・詹姆斯・奧杜邦（John James Audubon）曾搭船出海，遠達瑪格達琳群島三十公里外的地點，這些島嶼附近經常有船隻發生事故，因為次數太過頻繁，島上大多數人口都帶著船難者的姓氏，屋子也是用船骸蓋成。博物學家的雙眼遙望著一座海上孤島，外觀是淡紅峭壁，壁面密密布滿細小的白色斑點。當他靠得更近，無數的白色斑點卻飛起，遮蔽了天空，彷彿一場突如其來的暴風雪來襲。成千上萬的海鳥歡迎他來到了鳥岩島。

一八七〇年，島上豎立一座燈塔，加拿大海事和漁業部長彼得・米切爾（Peter Mitchell）高聲說：「我很高興宣布，燈塔和燈塔守的宿舍終於落成，這座島位在整個加拿大最險峻的地點，要繞過島嶼四周綿延不絕的沙洲，才能靠岸。」

燈光亮起，不祥的預言也跟著出現。第一位燈塔守登島後就遞出辭呈，並說：「我不相信有人能平安無事地看守這座燈塔超過十年以上。」時間的腳步過去，從年表可以清楚窺見這工作有多麼危險：一八七二年，燈塔守普雷斯頓（Preston）被套上拘束衣離開燈塔。一八八〇年：燈塔守彼得・華倫（Peter Whalen）和兒子雙雙在離燈塔幾公里外凍死。他們在前一天外出獵捕海豹。助手提維耶（Thivierge）奇蹟逃過一劫。一八八一年：一個起霧的日子，燈塔守查爾斯・基亞森（Charles Chiasson）在霧中發射砲彈時被拋到空中。同樣在意外中喪生的還有他的兒子和一位友人。一八九一年：燈塔守特萊斯福爾・特比德（Télesphore Turbide）在操作同樣的大砲時失去一條胳膊。一八九七年：亞森・特比德燈塔守（Arsene Turbide）在海面冰層步行九十公里到布雷頓角島。他是在三天前離開燈塔，和兩個夥伴出門獵捕海豹。他在經過兩個禮拜的垂死掙扎後死亡。他的表弟查爾斯和助手科米爾（Cormier）從未尋獲。一八九七年，一個能見度低的夜晚，助手梅蘭森（Melanson）在發射信號槍時身受重傷。一九二二年：威爾弗雷德・布爾克（Wilfrid Bourque）拿下獵槍外出獵鴨。幾個小時後，他的身體漂浮在島嶼岸邊，已經沒了生命氣息。一九二二年：阿爾賓・布爾克（Albin Bourque）和他的兩名助手突然間生病，他們的儲水池遭到鳥糞污染。阿爾賓死在送醫途中，他的同事活下來，但卻逃不過後遺症折磨。

一九五五年，燈塔守阿爾弗雷德・阿森諾（Alfred Arsenault）開心地從工作崗位退休，他在燈塔工作超過十二年，未曾發生任何悲劇。當有人問他是否擔心那個預言，他僅以聳聳肩代替回答。

25

鳥岩島燈塔

聖羅倫斯灣

大西洋

北美洲

47° 50′ 17′′ N
61° 08′ 44′′ W

建造時間：1870、1887、1967 年
啟用時間：1870 年
自動化時間：1987 年
除役時間：2011 年
木造水泥燈塔
塔高：15.2 公尺
燈高：49 公尺
燈光射程：21 浬

　　一五三五年，法國探險家雅克・卡蒂亞（Jacques Cartier）船長開闢西北航道，他在航經聖羅倫斯灣時，發現這座蠻荒小島，並取名為馬格達倫島。

　　要到燈塔，先得先爬上一條在北方峭壁上的一百四十七階樓梯。
　　現今，這座島嶼是候鳥的神殿，也是加拿大的海洋保護區。

鳥岩島燈塔

布里恩島

聖羅倫斯灣

3000 m

東方湖

東方角

大島

老哈里

瑪格達琳群島

加拿大

佛帕司努燈塔

沙丘緩緩推移，那樣地無聲無息，吞掉無法反抗的燈塔，把它埋在一層金黃色塵粒下。有一張燈塔照片呈現了沙子如何追迫燈塔，那畫面彷彿帶人返回古埃及。照片的地點不是在水邊，而是在陸地。沒有人能猜到這幅沙漠景色竟是來自一個十九世紀的北歐國家。

這張照片拍攝的百年前，在丹麥北日德蘭島的海岸豎立了佛帕司努燈塔，那裡是離岸邊兩百公尺的海拔六十公尺高地點。

燈塔指引船隻的同時，海風和海水也把沙灘的泥沙推向內陸。日積月累，一座沙丘逐漸隆起，身影凌駕在燈塔之上。為了阻止沙丘往前延伸，有關當局蓋起一堵柵欄圍牆，並在四周種植野草和灌木叢。這些對策徒勞無功；在一九六八年，沙丘遮蔽了照向大海的燈光。十二年過後，燈塔已經停止運作，隨之而來的想法是打造一個觀光景點，於是當局挖走一堆泥沙，把工作人員的宿舍改建成一間博物館、一間咖啡廳。然而這個放手一博只是枉然，阻斷不了大自然的決心，經過一段時間的經營後，終究在二○○二年歇業。沙丘踩著無情的腳步跨過宿舍，摧毀屋頂，撐破建築物。只有燈塔熬過沙子的鍥而不捨，繼續矗立在那裡二十多年，耐心地等待自己的葬禮。

緊跟著沙丘後面而來的，是蠢蠢欲動的海洋不斷地征服沿岸的土地。當海水僅僅距離燈塔幾公尺，一切預示燈塔將會崩塌在沙灘上，但它卻逃向了內陸。

那是一次困難重重的任務，佛帕司努燈塔被搬上鐵軌，藉以精密的液壓系統運往內陸。幾千人共同目睹這一次的行動，他們是觀光客、好奇民眾、記者和工人，丹麥電視台轉播實況給全世界的幾間電視台。這個壯舉在媒體上曝光，並在這光榮時刻，成為宣傳的焦點：十個星期的計畫。六百二十噸重的搬遷。六個小時的路線。平均十二公尺的時速。超過五百萬丹麥克朗的鉅資花費。

面對大自然不屈不撓的力量，人類巨大的努力轉瞬即逝。最好的例子就是老佛帕斯努燈塔僅僅獲得多上四十年的壽命。

佛帕司努燈塔

北海

大西洋

歐洲

57° 26' 56'' N
09° 46' 28'' E

建造時間：1899 年
啟用時間：1900 年
除役時間：1968 年
正方形毛石燈塔
塔高：23 公尺
燈高：90 公尺
燈光射程：18 浬

　　燈塔原始鏡頭是巴比爾&貝納德&蒂雷納公司（BBT）製造。

　　二○一九年十月二十二日，來自隆斯特魯普村的水泥匠師傅克伊爾德‧彼得森（Kjeld Petersen）指揮搬遷燈塔的工作。

　　佛帕司努並非偏鄉僻壤。燈塔每年吸引了超過二十五萬名遊客前來參觀。

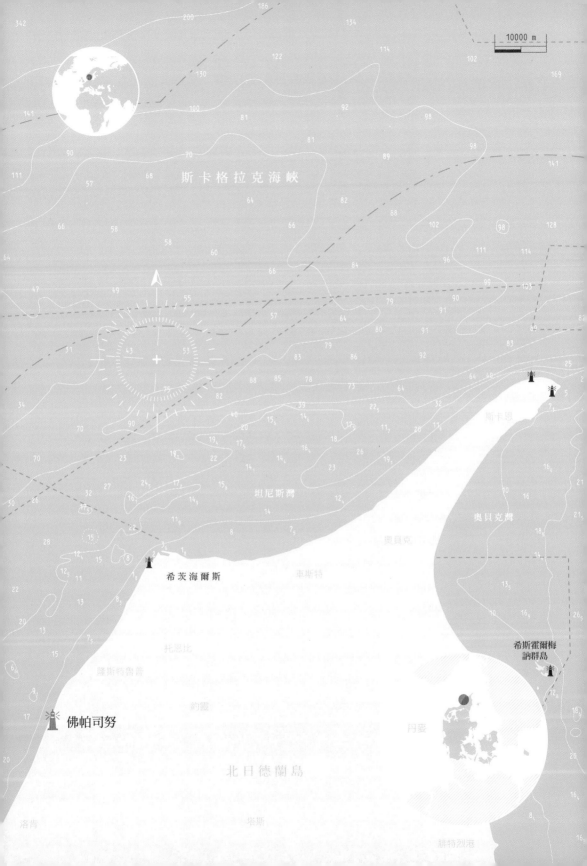

10000 m

斯卡格拉克海峽

坦尼斯灣

奧貝克灣

斯卡根

希茨海爾斯

車斯特

奧貝克

希斯霍爾梅
訥群島

佛帕司努

托恩比

隆斯特魯普

約靈

丹麥

北日德蘭島

洛肯

塔斯

腓特烈港

聖胡安德薩爾瓦緬多燈塔

阿根廷巴塔哥尼亞的旅行社推出過參觀「世界盡頭的燈塔」之旅，但卻不包括搭船前往火地群島燈塔。這趟行程走訪的比格爾海峽航程，雖然帶給了旅客栩栩如生的畫面，但真正的燈塔卻還要更遠，比大火地島的盡頭還要遙遠。這座小小的燈塔遠距離法國亞眠一萬三千公里，也就是凡爾納居住的城市，卻給了作家靈感，創作出他最後的其中一部作品《天邊燈塔》。

一八八四年，無人居住的洛斯埃斯塔多斯島上設立了一個海事區、一座軍事監獄、一座急救站，和阿根廷領土的第一座燈塔。聖胡安德薩爾瓦緬多燈塔是一座簡陋的六公尺高木造房子，微弱的燈光無法提供清楚的能見度，上空層層堆疊的雲塊經常遮蔽島嶼。或許是這個原因，阿根廷政府決定在北部一點的觀測島，另蓋一座叫「新年」的燈塔，避開南極緯度內的嚴峻氣候。聖胡安德薩爾瓦緬多燈塔繼續運作，直到一九〇二年十月，也就是在凡爾納遺作小說出版的三年前。

在暴風雪吹襲和飽受南極西風「狂暴五十度」肆虐的海洋上，有一艘不起眼的獨木舟（kayak）在洛斯埃斯塔多斯島的前方海域漫無目的漂流。船上的法國冒險家安德烈·布赫納（André Bronner）口中唸著祈禱文，希望惡劣的天氣平息下來，只要能熬過這場暴風雪，他有朝一日一定會再回到這個地方。兩年過後的一九九五年，他實現諾言，只帶著些許求生必需的器具，待在島上好幾個月，與外界完全隔離。他坐在一座老燈塔廢墟上，著迷讀著凡爾納的故事，腦中開始浮現一個夢想：重建「天邊燈塔」的計畫。

今日地球上有三座一模一樣的燈塔，各座落在不同的地方。一座在洛斯埃斯塔多斯島，是一九九八年布赫納使用法國生產的建材，蓋在聖胡安岬的舊址上。一座在法國大西洋海岸，蓋在柱子上，面對著拉洛歇爾，也就是布赫納的故鄉。最後一座在阿根廷的烏斯懷亞海事博物館，那裡除原始燈塔的殘骸，還有一尊依照真實尺寸打造的模型。在這座「天邊燈塔」短短幾公尺外的圖書室大廳，有個玻璃櫥窗，裡頭陳列了一本凡爾納的第一版小說，也是唯二留下來的樣書的其中一本。

聖胡安德薩爾瓦緬多燈塔

大西洋
南美洲

54° 43' 56'' S
63° 51' 25'' W

建造時間：1884 年
啟用時間：1884 年
除役時間：1902 年
重建時間：1998 年
自動化時間：1998 年
服役中
八邊形木造燈塔
塔高：6.5 公尺
燈高：70 公尺
燈照特色：每 15 秒兩束 3 秒白光

在聖胡安德薩爾瓦緬多燈塔落成的前十年，阿根廷水手路易斯．皮耶德拉布納（Luis Piedrabuena）在附近某處蓋了避難地點，供給瀕臨船難的船隻避險。他一共救了一百四十六條人命。

在一八九八年出版的《阿根廷澳洲》（La Australia Argentina）一書，作家羅伯托．赫黑．帕伊羅（Roberto Jorge Payró）描述了洛斯埃斯塔多斯島——巴塔哥尼亞原住民稱為「瓜尼新（Chuanisin）」，意謂富庶之島，他稱這裡是大自然的囚房和船隻的墳墓。

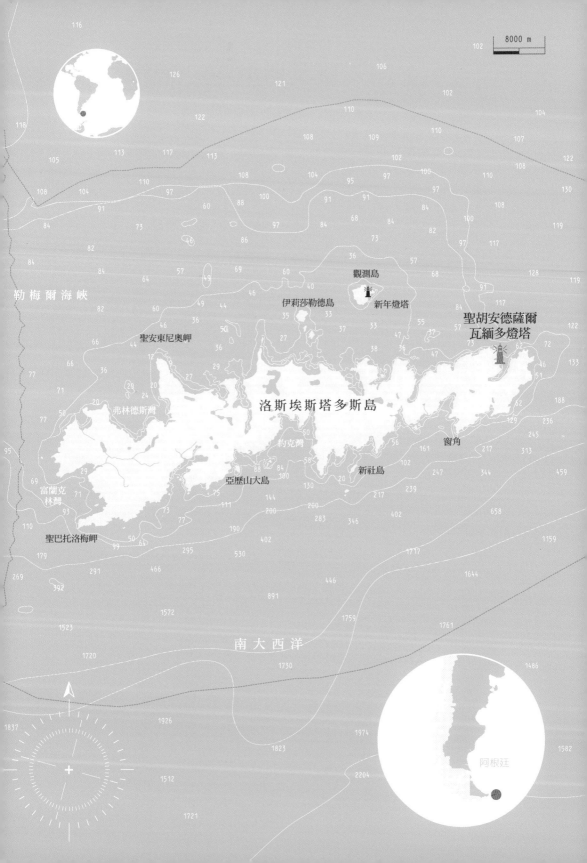

8000 m

116

102

126

121

106

110

104

118

122

110

107

113

105

108

109

102

108

122

130

117

113

113

110

97

104

104

97

100

110

108

91

60

88

91

91

84

108

119

84

73

97

84

73

82

468

86

57

82

84

84

57

69

60

68

128

119

64

49

40

觀測島

57

勒梅爾海峽

82

60

49

44

46

伊莉莎勒德島

33

37

33

新年燈塔

55

91

117

122

66

聖安東尼奧岬

50

36

35

37

47

73

72

12

36

38

36

133

77

36

27

29

47

51

71

20

24

弗林德斯灣

27

洛斯埃斯塔多斯島

56

62

188

58

20

50

129

236

95

50

約克灣

58

56

窗角

161

217

313

69

29

58

102

247

344

459

富蘭克
林灣

71

亞歷山大島

130

144

新社島

239

402

658

93

73

200

200

217

346

402

1159

110

聖巴托洛梅岬

50

190

283

171?

179

295

530

1644

269

291

466

446

891

1759

1761

392

1572

1523

1720

1730

南大西洋

1837

1926

1974

1486

1823

1159

1582

1512

2204

阿根廷

1721

聖胡安德薩爾
瓦緬多燈塔

史莫斯燈塔

在威爾斯的曲流河道之上，曾有過一座燈塔，建造的過程恍若組裝小提琴萬般謹慎。亨利‧懷塞德（Henry Whiteside）是利物浦樂器製造商，他在一塊岩石上蓋了座燈塔，高高豎立在九根木椿上，如此一來，海浪能穿過木椿體，在三十公里外撲上海岸後消退。

一七七七年，工程即將收尾，製琴師遇上狂風吹襲，被困在燈塔內。裡面沒有水也沒有糧食，或許他一邊撥著小提琴哀傷的琴弦，一邊把三支酒瓶丟進海中，裡面裝著絕望的短信：「您好，此刻我們困在史莫斯岩上，情況萬般危及和驚險，我相信這封信能透過天意抵達您的手中，我乞求您緊急協助，救我們在春天來臨前脫離這裡，否則我們恐怕全數罹難……」

幸運的是，其中一支酒瓶即時被發現，他才得以在這次受困以悲劇收場前獲救。

史莫斯燈塔的燈塔守得忍受終極的與世隔絕生活，以至於二十年後發生另一場悲劇。一八○一年某一天，燈塔上空飄著求救信號。但是整整四個月都未能好轉的惡劣天氣阻撓了救援行動。燈塔守的家屬在岸邊憂心忡忡，他們一夜又一夜，到彭布羅克郡的懸崖上遙望海平線。警報旗幟依舊高高懸著，然而燈光繼續點亮著。

燈塔內只有兩名燈塔守，他們是湯馬斯‧格里菲斯（Thomas Griffith）和湯馬斯‧哈威爾（Thomas Howell），大家都知道他們經常爭執。格里菲斯死於不明原因。哈威爾試過幫他卻沒成功。此刻他卻陷入兩難：若是把屍體丟入海中，可能會遭控殺人。因此，他替同事打造一個臨時棺木，放在廳堂的一角。哈威爾等待著救援船隻，他和死者共處一室好幾天，但是屍臭味難以忍受，於是他用繩索綁住棺木，拖到外面去。棺木受狂風吹打，不斷撞擊燈塔，木頭鬆開了，格里菲斯像是表演軟骨功，半個身體露在棺材外，卡在繩索之間。哈威爾閉上眼睛，卻無法對那悲慘的一幕視若無睹：屍體的手在風中搖動，彷彿正在對他打招呼。

最後，經過幾個禮拜的痛苦煎熬，哈威爾得到援救。他上岸時，身心狀況悲慘至極，許多親戚都認不出他來。據說哈威爾再也不曾靠近燈塔。

史莫斯燈塔

凱爾特海

大西洋

歐洲

51° 43' 16'' N
05° 40' 11'' W

建築師：
1776 年：亨利‧懷塞德；
1861 年：詹姆斯‧沃克
第一座燈塔建造時間：1776 年
目前燈塔建造時間：1861 年
自動化時間：1987 年
服役中
圓柱石造燈塔
塔高：41 公尺
燈高：36 公尺
燈光射程：18 浬
燈照特色：每 15 秒三束白光

　　目前的燈塔是比照埃迪斯通燈塔的設計圖，由詹姆斯‧沃克帶領完工。一九七八年燈塔頂蓋了一座直升飛機場，一九八七年燈塔自動化。

　　史莫斯燈塔悲劇後來成為幾部當代電影的靈感來源。二〇一六年英國導演克里斯‧克勞（Chris Crow）根據故事拍攝《燈塔》（The Lighthouse）。美國導演羅柏‧艾格斯（Robert Eggers）則在威爾斯燈塔的悲劇意外拍成紀錄片後，在二〇一九年拍攝自劇本改編的《燈塔》（The Lighthouse）。

斯特倫布爾角

阿伯卡指爾

白沙灣

拉姆齊

埃姆斯戈島

聖布里奇灣

斯科默島

史莫斯燈塔

格拉斯霍姆島

帽子奧本桶遊灘

斯科克霍姆島

聖安娜

米爾福德港

淡水西海灘

凱 爾 特 海

大英國協

4000 m

斯坦納德岩燈塔

這座美洲最孤獨的燈塔未曾面海。它承受超過九公尺高的巨浪撲打，超過三公尺高的冰層撞擊，燈塔守面對猛烈的強風，不得不用繩索綁住自己，以免被吹走。但是燈塔的光照亮的是一片淡水。

蘇必略湖的面積和奧地利一樣大，廣闊的湖裡藏著一座水底高山。浮出湖面的部分僅有一公尺高，水下延伸四十多公里長。一八三五年，查爾斯‧斯坦納德（Charles Stannard）船長意外發現這座山，他像是撞鬼一般，怕得全身直發抖。幾年過後，當商業航線在五大湖區拓展開來，那兒豎立了一座警示危險的燈塔。這個成果歷經千辛萬苦，並花費鉅資；燈塔完工落成，一共花了二十年爭論，和五年的工程期。

在斯坦納德岩島上，時間以自己的步調前進。燈塔守愛德華‧錢伯斯（Edward Chambers）和他的三名助手並不知道羅斯福贏得一九〇四年總統大選，當他們得知消息，已經是五個禮拜過後。那年冬天，準備載他們上岸的船隻因為冰層，整整延誤一個月抵達。當船隻終於抵達斯坦納德岩島，島上的存糧已經耗盡，他們四人沮喪絕望，正打算搭乘小船，展開橫越結冰湖面的自殺航程。

幾年過後，島上設置無線電通信設備，緩解了燈塔守的思鄉之苦。短波在湖面上搭起了一座言語之橋，連結他們在馬凱特燈塔的同事。燈塔守在陸地的同事會替他們讀妻子寫來的家書、海岸巡防隊的電報，和報紙文章，讓與世隔絕的他們和世界保持聯繫。

然而一樁悲劇深深撼動了斯坦納德岩燈塔的命運。一九六一年六月十八日夜晚，四千公升的煤油發生可怕的爆炸，把燈塔的倉庫震得搖搖欲墜。華特‧斯科比（Walter Scobie）當時睡在樓上，他從床上震飛出去。奧斯卡‧丹尼爾（Oscar Daniel）是前一天才來報到的設備保養人員，他被壓在一扇門下動彈不得。理查‧霍恩（Richard Horne）看見救生艇漂流而走，跳進水中搶救，卻沒能成功救回。燈塔守威廉‧麥斯威爾（William Maxwell）運氣太差，當場罹難。破冰船「伍德魯斯號」（Woodrush）在三天候抵達燈塔。他們無法靠近燈塔，因為濃煙瀰漫，但他們在一張帆布下找到蹲伏在那裡的三個男人。幾名燈塔守在碼頭上避難，靠著一罐番茄醬和兩罐豆泥活了下來。

之後燈塔修復了，不過再也沒人住在燈塔內。這座北美洲最孤獨的燈塔變得更加悲涼。

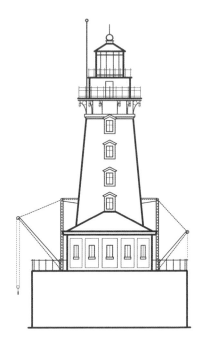

29

斯坦納德岩燈塔

蘇必略湖
北美洲

47°11′00″N
87°13′30″W

建築師：奧蘭多・梅特卡夫・坡
建造時間：1877-1883 年
啟用時間：1883 年
自動化時間：1962 年
服役中
石灰岩燈塔
塔高：30 公尺
燈高：31 公尺
燈光射程：18 浬
燈照特色：每 6 秒一束白光

　埃爾默・索爾穆寧（Elmer
Sormunen）是在斯坦納德岩燈塔工作最
久的燈塔守，他任職長達二十一年，
直到一九五七年退休。

　在斯坦納德岩燈塔擔任燈塔守一
職極為危險，不過這份工作也不是都
只有缺點。當地的珊瑚礁是全美最佳
的釣魚地點之一。

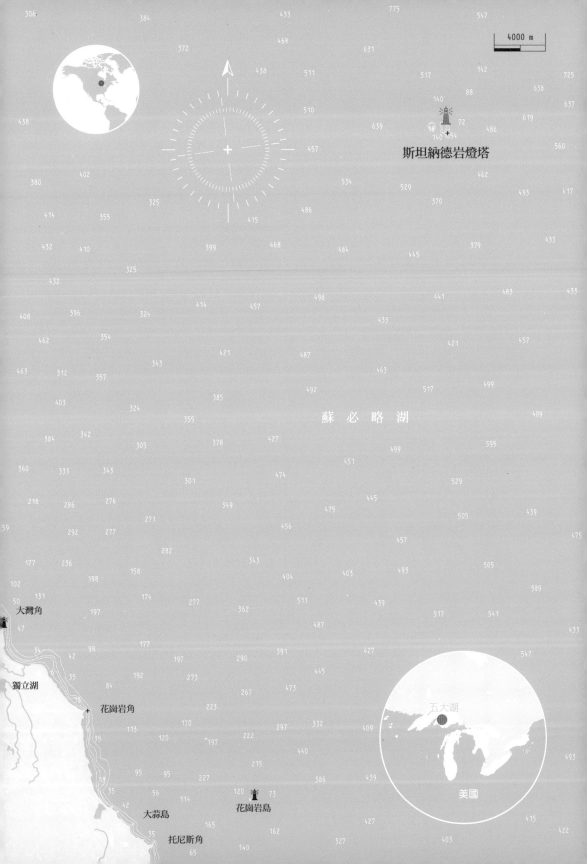

斯坦納德岩燈塔

蘇 必 略 湖

大灣角

獨立湖

花崗岩角

五大湖

美國

大蒜島

花崗岩島

托尼斯角

4000 m

史蒂芬斯島燈塔

　　大衛・萊爾（DAVID LYALL）十分享受孤獨的滋味。當他接獲通知，被派往一座無人島上擔任燈塔守，嘴角不禁上揚。他想像自己在一小片幾乎未曾開墾的土地上，靠著自幼對因大自然感興趣，幸運得到的幾本博物學書自學，逐一辨識當地的鳥類、昆蟲和植物。

　　史蒂芬斯島位在馬爾堡的最北。儘管離岸僅僅兩公里多，卻因為難以抵達，一直保持原始樣貌。島上蓋的燈塔，最初是紐西蘭最高和最堅固的燈塔，指引船舶渡過險象環生的庫克海峽。

　　萊爾帶著妻兒子駐守燈塔。跟著他們來的，還有蒂波絲（Tibbles），這隻貓正是本篇故事主角。蒂波絲是隻懷孕的母貓，牠在島上任意溜達，每次返回燈塔，總會叼著一種稀奇的鳥兒屍體給主人。萊爾開始對這種獨特的鳥兒產生興趣，儘管他製作動物標本的知識有限，仍舊成功保存幾隻樣本。他雖認不得這是哪一種鳥，但卻有預感這是個重大的發現，於是寄了一個樣本給紐西蘭鳥類學者華特・布勒（Walter Buller），後者記錄這是無法歸類的鳥。這個發現吸引了鳥類學領域的目光。萊昂內爾・羅特希爾德（Lionel W. Rothschild）是英國著名的動物學家和銀行家，他要求寄了幾個樣本給他。後來羅特希爾德把這種鳥歸類為新品種，稱作「史蒂芬島異鷯」（Xenicus Lyalli），屬於「雀形目」（Paseriforme），無人有異議。但是在這個分類還尚在時，此種鳥在島上的足跡卻銳減。猜測四起，可能是貓的數量增加，或者一些自然學者想獵捕樣本的活動，導致鳥的減少。燈塔啟用一年多後，基督城《新聞報》（The Press）的記者評論：「我們只能合理地相信，這種鳥類已在島上滅絕，雖然這是不爭的事實，卻不知道其他地方是否還有這種鳥類的蹤跡。可以確定的是，這種滅絕方式打破了所有的記錄。」

　　在那隻母貓蒂波絲來到之前，島上並沒有其他哺乳動物掠食者。一八九九年，新上任的燈塔守開槍打死多達上百隻野貓，但二十六年之後，才正式宣布島上完全殲滅野貓。或許萊爾是少數幾個曾親眼看到活生生的史蒂芬斯島異鷯的人類。據這位燈塔守敘述，史蒂芬斯島異鷯沒有飛行能力，動作看起來不是像鳥，反而更像老鼠。

史蒂芬斯島燈塔

庫克海峽

太平洋

大洋洲

40° 24' 00'' S

174° 00' 00'' E

建造時間：1891-1894 年
啟用時間：1894 年
自動化時間：1989 年
服役中
鑄鐵燈塔
塔高：15 公尺
燈高：183 公尺
燈光射程：18 浬
燈照特色：每 6 秒一束白光

　　史蒂芬斯島難以抵達。補給品的運送和燈塔守的輪替，都需要靠挖土機把東西和人從船上運上岸。一九八九年，燈塔守從崗位退下，二〇〇〇年，原始的透鏡更換成旋轉燈浮，改以遠端操控。

　　如今，史蒂芬斯島最知名的住民是喙頭蜥。這座島受到保護，是這種瀕臨絕種的稀有爬蟲類的避難所。

庫 克 海 峽

150

190

144

127

153

128

114

95

107

137

130

114

59

12

61

122

62

29

20

119

104

73

72

剃刀鯨角

80

18

93

史蒂芬斯島

昆士

92

103

92

18

82

117

75

53

33

7

12

80

100

68

54

24

39

43

48

22

18

3

8

80

64

34

58

97

54

9

14

17

43

70

79

19

馬鞍岩島

29

48

6

83

54

20

105

123

57

45

56

80

54

45

64

105

44

45

11

27

69

103

35

92

69

84

44

70

22

37

扁岩島

74

56

2

86

56

28

49

37

77

66

56

6

45

93

15

72

68

50

鉤刀灘

56

69

95

紐西蘭

8

鉤刀角

100

迪維爾島

97

50

3

55

30

49

斯維亞托諾斯基灣燈塔

　　一八七五年，沙皇亞歷山大二世通過招募白海燈塔守的法規，要求人選必須習於北部海岸艱困的生活，要能幹、有紀律、品德優良，尤其要身強體壯，以承擔艱難的工作。此外，必定要懂得操作燈塔和氣象設備，也要具備醫藥和衛生的基本知識。

　　二十世紀初，巴戈列塞夫（Bagrentsev）失去視力。最初他先是難以撰寫燈塔日誌，後來他發覺自己變得無法辨識清楚海平面那方，從巴倫支海轉向到聖鼻半島的船隻，最後他發現他幾乎已看不清楚燈塔的油燈燈蕊。但是巴戈列塞夫是個頑固的人。這份工作他已幹了多年，熟知燈塔內的每個角落。此外，他的妻子幫忙分攤比較複雜的活。就這樣，他非但沒有申請退休，反而堅決守在工作崗位上。他向白海的燈塔主任瓦西里耶夫上校（Vasiliev）通報他身體大不如前，這位主任因欣賞他出色的工作成績，便派了一位助手給他。

　　他在燈塔的生活平靜無波，直到一九一三年海軍少將布克提夫（Bukhteev）的軍艦出乎意料航抵俄國西北部的特爾斯基海岸。原來斯維亞托諾斯基灣燈塔的燈塔守失明的消息傳到了聖彼得堡。幾個覬覦巴戈列塞夫職位的投機份子寄信給水文測量總所，不斷質疑盲人不可能勝任看守燈塔設備的工作。布克提夫突然來訪，目的是要確認那些鑿鑿有據的檢舉是否有理。經過一番嚴密檢視，少將在報告寫下：「巴戈列塞夫雖然失明，卻能認真對待工作，在工作中展現靈活技能。他擁有特殊本領，能察覺燈塔任何異常的運作，或者旋轉機械的失常。他有妻子協助工作，助手觀看氣象，能恰當指引和一切和燈塔有關問題。說句公道話，他這麼多年來奉獻心力，成績斐然，應該頒給他獎賞。」

　　失明的燈塔守堅守崗位，直到俄國大革命爆發之初，後來他把燈塔工作交棒給兒子。而在那個時代，末代沙皇尼古拉二世已經沒有心力去處理白海燈塔的事宜了。

31

斯維亞托諾斯
基灣燈塔

巴倫支海和白海
歐洲

68° 08′ 01′′ N
39° 46′ 02′′ E

建造時間：1862 年
啟用時間：1862 年
自動化時間：2002 年
服役中
八邊形金字塔木造燈塔
塔高：22 公尺
燈高：94 公尺
燈光射程：22 浬

斯維亞托諾斯基灣燈塔完工之後，總共有一名燈塔守和六名助手派駐在此接手維護工作。這個地點位在北極圈內，生活條件極微嚴苛，在剛啟用的頭兩個冬天，幾乎所有人員都死於壞血病。

然而，燈塔的最後一任燈塔守米哈伊爾‧伊萬諾維奇‧戈爾布諾夫（Mikhail Ivanovich Gorbunov）從一九六六年開始擔任守燈工作，卻待在崗位上整整三十六年。

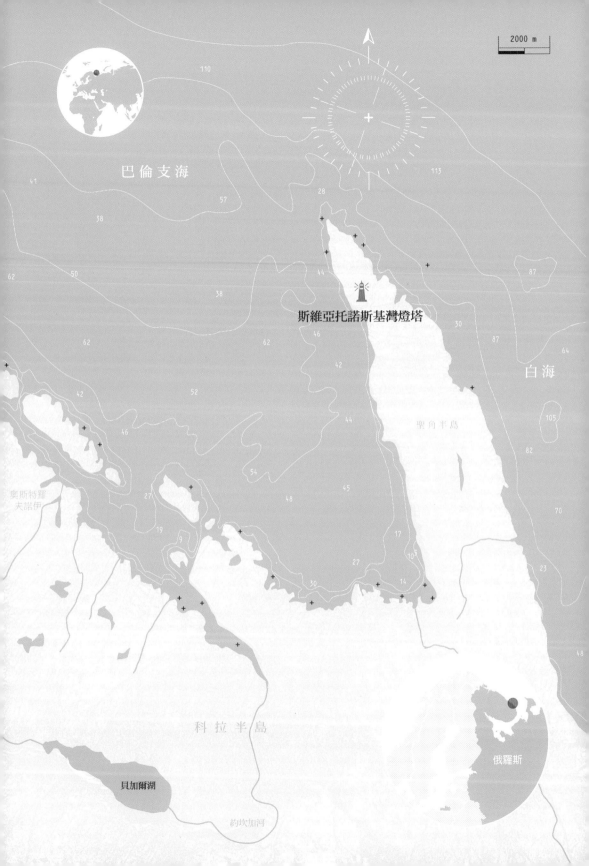

斯維亞托諾斯基灣燈塔

蒂拉穆克岩燈塔

一八七九年九月十八日，一艘小船靠近了座外觀像海怪的玄武岩島，離蒂拉穆克海岸峭壁約兩百公里遠的海面。約翰·特雷瓦瓦斯（John R. Trewavas）是來自波特蘭的水泥匠師傅，也是千錘百煉的建燈塔老手，他身邊帶著綽號叫「櫻桃」的水手助手。特雷瓦瓦斯必須探勘島嶼，選出蓋燈塔的最佳位置。但是蒂拉穆克岩可不是能輕易征服的島嶼。特雷瓦瓦斯登島當下，腳底一滑，遂被海浪拖走。櫻桃跳進水裡，卻沒成功救起他。特雷瓦瓦斯的屍體從未尋獲。

在此前一年，美國國會提撥一筆五萬美元預算，準備蓋一座堅固的燈塔，改善奧勒岡州北部崎嶇的海岸的航行狀況。當時，沒人料到最後的總花費超出原先預估的兩倍。

這裡共有一位燈塔守和四位助手受僱看守燈塔的運作。他們每輪班三個月，接著擁有兩個禮拜上岸的自由時間。但是待在小小的宿舍，過著與世隔絕的日子，經常面對暴風雨和揮之不去的怒氣，對他們的身心造成傷害，儘管後來縮短輪班時間，燈塔守之間還是開始發生摩擦。

第一位燈塔守是亞伯特·羅德爾（Albert Roeder），他堅持了四個月後提交辭呈。後來的幾位燈塔守總是心浮氣躁，逃避和助手們當面說話，只在晚餐時間和他們傳紙條溝通。根據一份當地報紙的報導，助手彼約林（Bjorlin）在長官的晚餐混入玻璃碎片，企圖殺害他，因而遭到撤職。另一位助手在一九〇六年遭撤換，因為他飽受精神緊張折磨，瀕臨心智混亂。這座燈塔因而得到「恐怖的蒂拉」稱號。

蒂拉穆克岩燈塔在啟用後七十八年後除役；這座燈塔的工作改以警報燈浮取代，岩島成為私人財產。一九八〇年，島嶼以五萬美元讓給「米米塞特」房地產公司，不可思議的是數目和百年前興建燈塔預算一樣，房地產公司把這個地方變成海上納骨塔，一個在公海存放骨灰的獨特地點。這個計畫因為法律問題而暫延，但是三十來個骨灰罈依然存放在燈塔的宿舍裡，包括莫理塞特雙親的骨灰在內。或許在不久將來，約翰·特雷瓦瓦斯也會躺在岩島的水底深處安息。

蒂拉穆克岩燈塔

太平洋
北美洲

45° 56´ 15´´ N
124° 01´ 08´´ W

建造時間：1880 年
啟用時間：1881 年
除役時間：1957 年
磚造鑄鐵玄武岩毛石燈塔
塔高：19 公尺
燈高：41 公尺
燈光射程：18 浬
原始鏡頭：一等菲涅耳透鏡

　　燈塔啟用的幾天前，海面濃霧籠罩，露琵蒂亞號（Lupitia）遭到強風吹往海岸。燈塔工作人員聽見水手呼叫，急忙拿起他們的油燈做信號。儘管如此，隔天早上，露琵蒂亞號船員失去生命氣息的屍體還在出現在蒂拉穆克岬的海灘上。最終只有一個倖存者：船上的狗成功游到岸邊。

500 m

太平洋

蒂拉穆克岬

蒂拉穆克岩

鳥角

卡農
海灘

奧勒岡州

美國

45

23₇

16₁

20

16₄

37

20

40

23₇

10

20

31

14₆

51

20

40

10₃

27₄

20

44

拉維葉爾燈塔

曼多里尼（Mandolini）和費拉奇（Ferracci）兩人同為戰爭傷兵，出身科西嘉島，被派到拉維葉爾燈塔當助手，這座燈塔位於法國西部的布列塔尼半島，豎立在拉茲角前方海面的戈爾貝亞岩上，岩石的名字意味「最遙遠的岩石」。

曼多里尼懼怕大海，他的一邊肺部穿孔，一條胳膊也不靈活。費拉奇的體內則卡著一顆子彈，他得費盡九牛二虎之力，才能爬上一百二十階階梯到燈塔上層。這裡太過悲涼，生活條件嚴苛，他們明白殘破的身子骨承受不住，於是決定請求調職。他們不斷申請，就算附上醫生證明，還是屢屢被退回。

第一次世界大戰結束後，法國面對眾多戰爭殘兵，必須做出輔導轉型，幫他們重返社會。他們根據一條一九二四年的法規，擬定一張清單，列出保留給做此用途的工作，其中包括公園警衛、郵差，或博物館管理員。法國政府也把燈塔守列其中，還以為那是輕鬆的工作。

一九二五年十二月，燈塔守告假，留下兩名科西嘉島助手獨守燈塔。當時一場強烈暴風雨肆虐法國海岸，遲遲不去。他們與世隔絕幾個禮拜，筋疲力竭，缺乏糧食。曼多里尼和費拉奇升起黑旗，請求支援。無奈救援遲遲未到；海面波濤洶湧，沒有任何船隻能靠近燈塔。

一九二六年二月十九日凌晨，雙桅縱帆船「驚喜號」在普洛戈附近的珊瑚礁岩觸礁，船上八名船員罹難。當晚，拉維葉爾燈塔的燈光是熄滅的，霧笛運作異常，黑色旗幟依然在燈塔高空飄蕩。

一個禮拜過後，當地漁民克立‧寇奎特（Clet Coquet）駕駛他的漁船到燈塔附近海域。他的兒子皮耶和阿曼燈塔（Faro de Ar-Men）的燈塔守以繩索相綁，一起游過洶湧的大西洋波濤，成功抵達岩島。然而他們上岸時身受重傷，已奄奄一息。

這幾次意外過後，報紙以「身陷地獄的兩名殘障人士」為標題刊登報導，於是燈塔守的工作自此從法蘭西共和國老兵保障工作清單中被剔除。

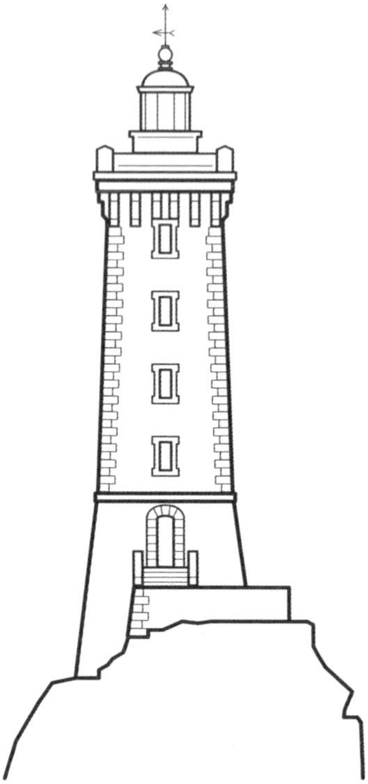

拉維葉爾燈塔

伊魯瓦斯灣

大西洋

歐洲

48° 02′ 26′′ N

04° 45′ 23′′ W

建造時間：1882-1887 年
啟用時間：1887 年
自動化時間：1995 年
服役中
花崗岩燈塔
塔高：26.9 公尺
燈高：33.9 公尺
燈光射程：15 浬
燈照特色：每 12 秒一束白、紅
　　　　　和綠光，加上兩次
　　　　　閃爍和熄燈

　　拉維葉爾燈塔和伊魯瓦斯灣其他
的與世隔絕燈塔，如朱芒燈塔（Phare
de la Jument）、阿曼燈塔（Phare de Ar-
Men）和克雷翁燈塔（Kéréon），都是
靠一種稱作「滑車繩索」（Cartahu）的
吊繩裝置，運送換班的燈塔守和日常
補給。燈塔守必須坐在一個吊起的座
椅上，如同雜技飛行，從船上被送到
岩石上，或者送過來船上。但這種方
式很危險，所以當船隻相當靠近岩
島，駕駛員和燈塔守的動作都要相當
靈活。

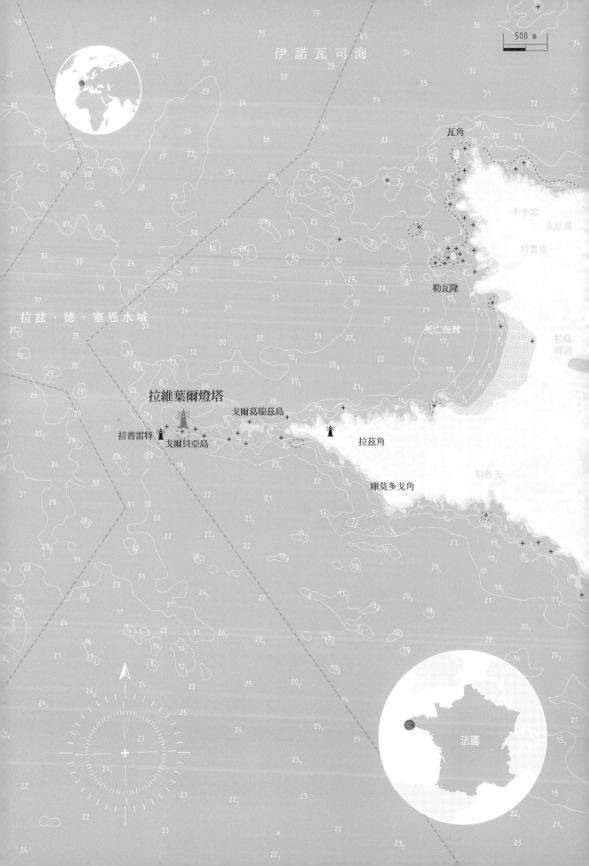

伊諾瓦司海

500 m

瓦角

卡多雷

克尼農

特魯格

勒瓦隆

死亡海灣

拉烏
爾湖

拉茲·德·塞恩水域

拉維葉爾燈塔

戈爾葛瑞茲島

拉普雷特

戈爾貝亞島

拉茲角

勒各夫

庫莫多戈角

法國

蚊尾洲燈塔

在十九世紀來臨前，中國茶已經是大英帝國的大宗消費品。儘管英國和清朝的貿易關係以友好開始，卻很快陷入危機。兩國的衝突引爆第一次鴉片戰爭，一八四二年戰爭結束後，戰敗的中國把香港割讓給英國。

蚊尾洲橫亙在香港的南方，彷彿幾抹揮灑在南海上的翠綠，這個由上萬座小島組成的列島，看去無邊無際，蒙著一層神祕面紗。一八五〇年，逐漸繁忙的海上交通喚起照亮海域的需求。英國人直覺要在大清帝國的島嶼蓋幾座燈塔。因此，雙方政府不得不協商，島嶼的燈塔興建和後續的維護事宜。這個合作並未立下合約，最後交由香港燈塔來監管。大多數的燈塔守是歐亞混血，通常是英國父親和中國母親的後代。這不是任何政策的規定，但以某種方式，成為燈塔守引以為傲的一項傳統。

四級風，五級風，六級風，是測量強風吹襲一座崎嶇的岩石島的標準，這座岩石島和海岸之間，隔著一片波濤洶湧的八十公里寬海域，從萬山群島的地圖看來，像是停在海上的一隻蚊子的尾巴末端。這座岩石島裂成兩半，中國人叫蚊尾洲，英國人稱裂口島。

在碎塊的最高處，也就是南邊的那塊，豎立著一座城堡外觀的燈塔。一八九二年，這座燈塔從瑞典運抵，以來自斯堪地那維亞半島的亮光照亮亞洲的海域。看在建造商眼底，這座堡壘似乎堅不可摧，但不過短短幾年，就毀於一次颱風來襲。當局派人前來評估受損情形，但是蚊尾洲沒有港口，難以攻下，一陣大浪打來，就把參觀者都捲進水底。直到修好燈塔，才有人發現燈塔蓋在不恰當的位置。岩島北方比較能抵擋颱風來襲。

暴雨未能澆熄燈塔，而是戰爭使其熄燈。砲彈的碎片和牆上留下的窟窿，都證明中國內戰期間（一九二七至一九四九年），在蚊尾洲燈塔曾發生激烈對戰。戰爭過後，燈塔熄燈四十多年，直到在八〇年代重新修建。目前，自動化燈光指引著航經中國南海的迷你蚊子島的船舶。

34

蚊尾洲燈塔

中國南海

太平洋

亞洲

21° 45´ 50´´ N

113° 56´ 16´´ E

建造時間：1890-1892 年
啟用時間：1892 年
除役時間：1927-1949 年
自動化和重新服役時間：1986 年
服役中
磚造水泥燈塔
塔高：24 公尺
燈高：45 公尺
燈光射程：20 浬
原始鏡頭：一等菲涅耳透鏡

　　一間位於中國珠海的旅行社，曾試過把燈塔打造成觀光景點。他們推出小團體行程，安排乘船到蚊尾洲，在島上過夜。他們希望打響這條觀光路線，卻在嘗試過幾次後，放棄這個構想。

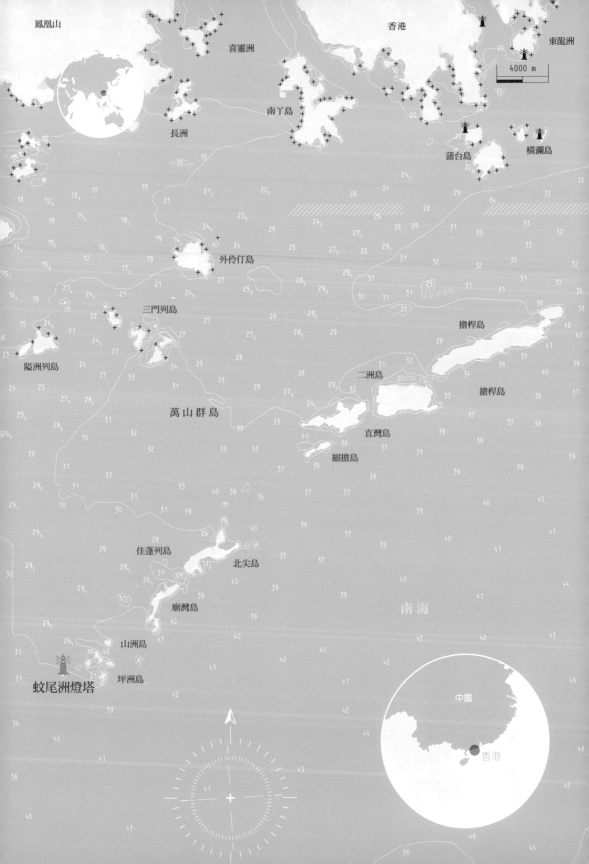

僅將此書獻給
曾在與世隔絕的
燈塔工作之人，
以及那些蒐集和
傳頌他們故事之人。

作者｜荷西・路易斯・岡薩雷茲・馬西亞斯

（José Luis González Macías）生於一九七三年西班牙昂萊省的蓬費拉達市，從小他便對旅行和地圖書深深著迷。目前他是集作家、平面設計師、編輯多種身分於一身，在他的處女作《燈塔之書：在世界的角落發現光》中，便展現出驚人的才華，以文字和圖像講述了一場精采的紙上海洋之旅。

譯者｜葉淑吟

西文譯者，永遠在忙碌中尋找翻譯的樂趣。譯作包含文學、勵志、童書、繪本和電影等。譯有《百年孤寂》、《謎樣的雙眼》、《風中的瑪麗娜》、《南方女王》、《時空旅行社》、《黃雨》、《聖草之書：芙烈達・卡蘿的祕密筆記》、《螺旋之謎》等書。